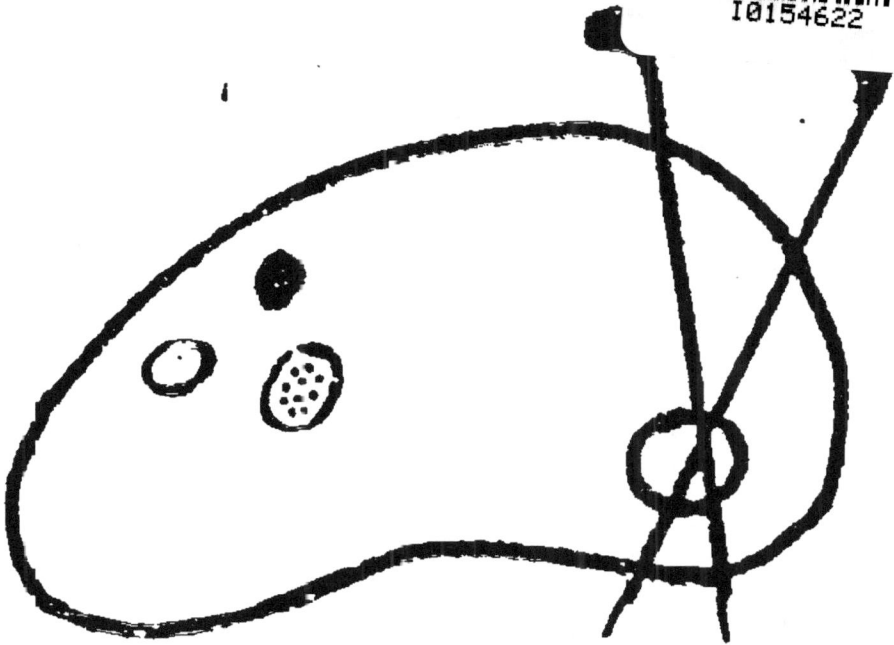

Couvertures supérieure et inférieure
en couleur

LES GENTILSHOMMES VERRIERS,

ou

RECHERCHES

sur

L'INDUSTRIE ET LES PRIVILÈGES DES VERRIERS

DANS L'ANCIENNE LORRAINE,

aux XV°, XVI° et XVII° siècles.

PAR M. BEAUPRÉ,

Vice-Président du tribunal civil de Nancy,
Membre de la Société royale des Sciences, Lettres et Arts de cette ville,
Correspondant de la Société royale des Antiquaires de France,
et de plusieurs Académies.

NANCY,

HINZELIN ET Cie, IMPRIMEURS-LIBRAIRES,
Place du Marché, 67.

Janvier 1847.

RECHERCHES

SUR

L'INDUSTRIE ET LES PRIVILÉGES DES VERRIERS

DANS L'ANCIENNE LORRAINE.

NANCY, IMP. DE BINZELIN ET Cᵉ.

LES GENTILSHOMMES VERRIERS,

ou

RECHERCHES

SUR

L'INDUSTRIE ET LES PRIVILÉGES DES VERRIERS

DANS L'ANCIENNE LORRAINE,

AUX XVe, XVIe ET XVIIe SIÈCLES.

PAR M. BEAUPRÉ,

Vice-Président du tribunal civil de Nancy,
Membre de la Société royale des Sciences, Lettres et Arts de cette ville,
Correspondant de la Société royale des Antiquaires de France
et de plusieurs Académies.

2e ÉDITION, REVUE ET AUGMENTÉE.

NANCY,

HINZELIN ET Ce, IMPRIMEURS-LIBRAIRES,

PLACE DU MARCHÉ, 67.

1846.

RECHERCHES

SUR

L'INDUSTRIE ET LES PRIVILÉGES DES VERRIERS,

DANS L'ANCIENNE LORRAINE.

CHAPITRE Ier.

Incertitude de l'origine de l'industrie verrière en Lorraine. — A quelles causes il faut attribuer le silence des chroniqueurs à ce sujet. — Nécessité de recourir aux vieilles chartes et aux titres qui servaient de base à des perceptions domaniales ou fiscales. — Richesses historiques du *Trésor des Chartes de Lorraine.*

L'origine de l'industrie verrière en Lorraine, remonte à des temps éloignés, dont on peut dire que l'histoire est restreinte à quelques faits politiques plus ou moins importants, et particulièrement à ceux qui se rattachent au spirituel et au temporel de l'Eglise. Dans ce pays comme ailleurs, les chroniqueurs du moyen-âge appartenaient la plupart au clergé, et surtout aux ordres monastiques. Ils n'avaient guère en vue que de transmettre à la postérité l'histoire de leur église ou de leur couvent, le reste était purement accessoire. Aux noms souvent répétés du fondateur, de l'évêque ou de l'abbé, viennent de temps à autre se mêler dans leurs récits, le nom du souverain, celui de quelque illustre chevalier, de quelque redoutable seigneur féodal de la contrée. Mais, c'est presque toujours parce que l'église les a trouvés bienveillants ou hostiles; c'est à cause de leurs bienfaits ou méfaits envers le monastère, des guerres qu'il a fallu soutenir contre eux ou avec leur assistance, pour défendre le temporel

ecclésiastique, des combats qu'ils se sont livrés au grand détri-
ment du pays, et dont les moines, spectateurs trop voisins de
la querelle, n'ont pu éviter le contre-coup.

Ce n'est donc pas à nos chroniqueurs Lorrains des xiiie et xiv^e
siècles, à Richerius et à Jean de Bayon, historiens des abbayes
de Senones et de Moyen-Moutier, qu'il faut demander des documents sur les arts et l'industrie de l'ancienne Lorraine. Ils ne
sortent quelquefois du cercle de leur spécialité, que pour raconter
de grands événements dont le bruit a retenti jusque dans le cloî-
tre, ou des faits de moindre importance, mais dont les acteurs
sont des princes de l'État ou de l'Église, des personnages plus
ou moins éminents de la noblesse et du clergé. On peut les consulter utilement sur les choses relatives à la nation, considérée
dans sa vie publique et extérieure, sur les personnes qui la cons-
tituaient seules, dans les temps où le tiers-état n'existait pas
encore, ou ne faisait que de naître; mais hors de là, ces écrivains n'ont rien vu, rien appris, qui leur ait paru digne de mémoire.

Les trois siècles suivants ont aussi fourni des chroniqueurs à
la Lorraine. Quelques mémoires historiques, quelques relations
de faits contemporains, nous ont été laissés par des hommes dont
la vie, consacrée au service du pays ou du prince, avait brillé
d'un certain éclat. Mais, quoique la civilisation ait fait de grands
progrès dans l'intervalle qui sépare ces écrivains de leurs devanciers, on ne voit pas qu'ils se soient écartés de l'ornière tracée
par ceux-ci. Ils l'ont seulement élargie, ils ont aplani et semé de
quelques fleurs la carrière qu'on parcourt avec eux au travers des
âges. Les mêmes faits et des faits analogues, mais chargés de
plus de détails, entourés de circonstances plus intéressantes,
sont encore les seuls qu'ils se plaisent à raconter des temps antérieurs et de ceux où ils ont vécu. C'est toujours sur le trône et
autour du trône, dans la noblesse et dans le clergé, que l'historien va chercher les vertus à célébrer, les particularités dignes
de mémoire; et si, de loin en loin, il y a pour quelque nom vulgaire exception à l'oubli, on la trouve motivée par un acte de

dévouement trop sublime, par un fait d'armes trop éclatant pour qu'il ait été possible de n'en pas nommer l'auteur. Mais, des services rendus au pays et à la civilisation, dans les arts et dans l'industrie, pas même une mention sommaire. Pas un seul mot, mis exprès, pour faire connaître à la postérité les grands artistes contemporains de l'écrivain et ses compatriotes, ces architectes, ces sculpteurs, dont les chefs-d'œuvres ont illustré la Lorraine au xve et au xvie siècle, et sont encore aujourd'hui, dans ce qui nous en reste, la plus belle et la plus riche décoration monumentale du pays. Il en est pourtant quelques-uns dont les noms ont triomphé de ce silence oublieux et ingrat, et sont parvenus jusqu'à nous. C'est grâce à Dom Calmet, qui, le premier entre nos historiens, a pris soin de les recueillir, et de consigner dans sa Bibliothèque Lorraine les renseignements qu'il avait, non sans peine, obtenus sur les artistes Lorrains des temps antérieurs. Mais que d'insuffisance et d'obscurité dans ces renseignements, transmis au xviiie siècle par des traditions vagues, incertaines et souvent contradictoires, démentis plus d'une fois par l'épitaphe d'une vieille tombe, par les énonciations d'un parchemin vermoulu (1) !

Lorsque les historiens de la vieille Lorraine, en communauté d'indifférence avec nos bons aïeux, tant soit peu Béotiens, ne daignaient pas conserver le souvenir de ces *maistres massons*, de ces *tailleurs d'imaiges*, constructeurs et décorateurs des palais, des églises et des monuments divers qu'ils avaient vu s'élever autour d'eux, faut-il s'étonner que leur attention ne soit pas descendue jusqu'aux inventeurs, aux propagateurs des arts mécaniques,

(1) Je n'en citerai qu'un exemple, entre beaucoup d'autres que me fournirait la Bibliothèque Lorraine, c'est l'article *Jacquemin de Commercy*, cet architecte du xve siècle, qui passe encore aujourd'hui pour avoir achevé la cathédrale de Toul, par la construction de son magnifique portail et des deux tours qui le couronnent. J'y renvoie le lecteur, en faisant des vœux pour qu'il en tire quelque chose de positif; mais je crains bien qu'après lecture réitérée, il ne conclue comme moi par un *fiat lux*.

modestes bienfaiteurs du pays. Ils n'avaient que faire d'y songer. Ce n'était pas pour célébrer des *gens de mestier, de basse et servile condition* (1), comme étaient alors réputés tous ceux qui travaillaient pour vivre, que Louis d'Haraucourt, évêque de Verdun et régent de Lorraine, écrivait ses mémoires, que l'auteur anonyme des *Opérations des ducs de Lorraine*, rimaillait sa chronique (2), et qu'Edmond du Boullay, héraut d'armes à la cour de nos ducs, avait taillé sa plume. Les verriers, entre autres, quoique assimilés à la noblesse par les privilèges que leur avait concédés le souverain, n'étaient dans l'origine que des étrangers sans nom, ou des serfs affranchis. Leur existence avait le travail pour principe et pour base ; et s'il arrivait qu'ils tirassent quelque orgueil des privilèges dont ils jouissaient, des richesses qu'ils avaient acquises dans l'exercice de leur art, la dédaigneuse qualification de *souffleurs de verre, souffleurs de bouteilles* (3) ne tardait pas à leur rappeler ce que cet art avait de mécanique. Au reste, pendant longues années, les hommes qui se livraient à

(1) Les préjugés nobiliaires ne distinguaient pas entre les arts libéraux et les arts mécaniques : il suffisait que l'exercice des uns ou des autres produisît un salaire, pour qu'il en résultât *dérogation à la noblesse*. On était ignoble et mercenaire, par cela seul qu'on exerçait pour vivre une profession quelconque. Ce principe est longuement développé par Florentin Thierriat, jurisconsulte Lorrain, dans son Traité de la noblesse, publié en 1606. J'aurai occasion de citer ultérieurement plus d'un passage de ce livre. En attendant, voici celui qui concerne les architectes : «Les *architectes*, massons, vendeurs de fard, fondeurs, drapiers, cordonniers, » bouchers.... *sont toutes choses ignobles, quand on les exerce pour gain.* » *mercenaire.....* »

(2) Cette chronique offre partout les traces des efforts qu'on a faits pour la mettre en rimes. Il paraît que l'auteur ne put conduire son entreprise à bonne fin.

(3) Une tradition populaire de l'Argonne rapporte que Henry IV, lors du voyage qu'il fit à Metz en 1603, apercevant de loin les gentilshommes verriers de la forêt d'Argonne, qui accouraient se ranger sur son passage au pont de la Biesme, entre Clermont et Ste-Menehould, demanda ce que c'était que ces gens. Ce sont les souffleurs de bouteilles, répondit le postillon qui conduisait la voiture du roi. — Eh bien ! dis leur de souffler au cul de tes chevaux pour les faire aller plus vite.

l'industrie verrière, confinés dans quelques obscures vallées des Vosges, au milieu de vastes forêts, ne donnaient guère signe d'existence que par les produits de leurs usines ; et il est vraisemblable que les consommateurs ne songeaient point à s'informer si cette industrie avait été importée en Lorraine, et à quelle époque, ou si elle était indigène, perpétuée d'âge en âge, transmise de père en fils depuis un temps immémorial. Et qui donc, au moyen-âge et parmi nos aïeux, se serait avisé de ces questions de statistique historique ? Le fisc seul, comme on le verra tout-à-l'heure, avait intérêt à s'enquérir des verreries, à prendre note de leurs progrès, du développement donné à la fabrication, de l'écoulement, plus ou moins facile, plus ou moins rapide, de leurs produits dans les états du duc et dans les pays étrangers. Mais peu lui importait l'origine de ces établissements. Le fisc néglige assez communément les accessoires historiques des faits dont il tient registre : ce sont pour lui choses oiseuses et de pure curiosité. Inventeur de la statistique, il ne laisse pas déborder cette science hors des limites du positif ; c'est du présent qu'il s'occupe, et, si parfois il remonte dans le passé, ce n'est que pour y chercher des exemples d'impôts bien établis et d'une perception certaine, abondante et facile. Tant mieux pour l'histoire, si dans ses investigations sur les traces du fisc, elle parvient à s'approprier quelques matériaux, qui, bien certainement, n'ont pas été préparés pour elle.

Ainsi, les bibliothèques les mieux pourvues de chroniques, de mémoires et de relations historiques, n'enrichiront guère le collecteur de matériaux pour une histoire de l'industrie dans l'ancienne Lorraine. C'est ailleurs qu'il lui faudra porter ses recherches, pour qu'elles ne soient pas à peu près stériles, et il ne devra pas s'en étonner. Les arts et l'industrie d'une contrée deviennent pour elle une source féconde de richesses et de prospérité, un moyen puissant d'influence et d'action, lorsque le commerce étranger reçoit avidement leurs produits et leur ouvre un large débouché ; les historiens les plus rétrécis sont alors contraints d'en parler, au moins indirectement, parce que ce sont là des faits de cette partie de l'existence nationale, que j'appelais tout-à-l'heure la vie publique et extérieure d'un peuple. Mais, à leur origine, et pendant bien des années d'une lutte pénible et obscure contre des difficultés de tout genre ; aussi longtemps que par diverses causes, telles qu'une fabrication imparfaite et des entraves de circulation, le commerce extérieur ne leur vient pas en aide, les arts et l'industrie, restreints dans leur emploi aux besoins du peuple au sein duquel ils ont pris naissance, ne sont encore que des actes de sa vie privée. Ce qui les concerne se traite à l'insu du public inattentif, entre le producteur et le marchand, entre l'industriel et le gouvernement dont il sollicite la protection, et qui la lui vend plus ou moins cher. C'est donc aux monuments peu connus de cette vie privée qu'il faut recourir, aux chartes poudreuses, et notamment aux vieux titres qui servaient de base à des perceptions domaniales ou fiscales. Ceux-là, plus que tous autres, peuvent être utilement interrogés sur les temps anciens d'une industrie particulière au pays. Il n'est pas de meilleurs guides pour suivre ses pas, depuis l'époque où elle est devenue imposable, jusqu'au jour souvent tardif où l'histoire a bien voulu la compter pour quelque chose.

Il est au milieu de nous une mine des plus riches, ouverte à des explorations de ce genre ; c'est l'ancien chartrier de la Chambre des Comptes de Nancy, laquelle avait, comme on sait, entre autres attributions de première importance, l'administration financière du duché, et dont les archives étaient celles de l'état. On l'appelait et on l'appelle encore aujourd'hui *le Trésor des chartes de Lorraine*. C'est dans ce véritable trésor de documents administratifs de tout genre et du plus haut intérêt pour l'histoire de notre vieille patrie, que se trouvent les actes qui témoignent de son industrie, et particulièrement de cet art de fabriquer le verre, sous tant de formes diverses, que possédaient nos ayeux, et dont les produits, comme on le verra tout-à-l'heure, n'ont pas attendu jusqu'à ce jour pour être répandus et renommés dans l'Europe entière.

CHAPITRE II.

Charte des verriers octroyée en 1448, renouvelée en 1469. — Renommée européenne des verreries de la Lorraine. — Témoignage à ce sujet, de Voleyr en 1550, du président Alix en 1594. — Verreries du Clermontois, de Raon en Vosges, de Saint-Quirin, de Brainville-aux-Miroirs et de la forêt de Darney.— Produits divers de ces usines, et notamment vitraux peints et miroirs. — Les verreries du Clermontois et de la forêt de Darney mentionnées dans le mémoire de l'intendant français Vaubourg, sur le duché de Lorraine en 1698. — Noms des plus anciens verriers lorrains.

Le lecteur ne doit pas s'attendre à trouver ici l'analyse des titres anciens dans lesquels on peut puiser des notions sur l'industrie verrière de l'ancienne Lorraine. Je crois même que ce serait chose fastidieuse pour lui comme pour moi, si je donnais ici le sommaire de ces actes. Il en est un, toutefois, sur lequel j'appellerai particulièrement son attention, c'est le plus ancien de tous, celui qu'on appelait avec raison *la charte des verriers*. Jean de Calabre leur avait octroyé cette charte en 1448, lorsqu'il gouvernait les duchés de Lorraine et de Bar, en l'absence de René d'Anjou son père ; et, soit que les verriers en eussent perdu l'original, comme il appert de l'exposé de leur requête, soit qu'ils tinssent à ce que Jean II confirmât, après son avènement au duché, les priviléges qu'il leur avait octroyés quand il n'était que lieutenant-général du duc, ils demandèrent et obtinrent titre nouvel en 1469. Je vais reproduire cette charte tout entière, ou à peu près, car une analyse ne la ferait pas assez connaître. Publiée pour la première fois, elle ne subira de retranchements que dans une faible partie de ces fastidieuses redondances, de ces répétitions abusives qui surchargeaient alors les actes, et dont l'introduction datait des premières années du quatorzième siècle (1).

(1) « C'est au commencement de ce siècle, dit Le Moine, archiviste du chapitre « de Toul, (Diplomatique pratique ou Traité de l'arrangement des archives. *Metz*, « 1763, in-4°), que les notaires et autres personnes publiques ont déployé toutes « les ressources de leur art. La plus grande partie des actes de ce temps sont d'une

« Jehan, filz du roy de Hiérusalem, d'Arragon, de Sicile, etc.
» duc de Calabre et de Lorrainne, marquis et prince de Gironne.
» Comme en l'an mil quatre centz quarante huit, nous huissions
» baillé et concédé nos lettres à nos bien amez Pierre Brysonale,
» filz de Jehan Bisonale, Henry filz, Nycholas Mengin filz, Jacob
» Guillaume du Tyson et Jehan son filz, tous verriers, ouvriers
» ez verrières de Jehan Brisonale, et que par feug de fortune,
» icelles nos lettres ayent esté brusleez et destruites à Fontenoy,
» où icelles estoient dernièrement qu'elle a été bruslée. Pourquoy
» iceulx..., nous en ayent exibé une coppie, figurée autentique-
» ment, et très humblement nous supplient que voulsissions leur
» donner et octroyer nouvelles lettres en pareille forme qu'ils les
» avoient, et dont la teneur s'en suit :

« Jehan, filz du roy de Hiérusalem et de Sicile, etc., duc de
» Calabre et marquis du Pont, lieutenant de Monseigneur en ses
» duchez de Bar et de Lorrainne, à tous ceux qui ces présentes
» verront, salut. La supplication de nos amez Pierre Brysonale
» filz de Jehan Brisonale, Henry filz, Nycholas Mengin, Jacob
» Guillaume du Tyson (1), et Jehan son filz, tous verriers et
» ouvriers ez verrières de Jehan Brisonale, en la verrière des
» Auffans, en la verrière Jacob et en la verrière Jehan Hendel (2),
» qui à présent est vague, icelles verrières estant ez bois et fo-
» restz de Monseigneur, en sa prévosté de Darney en son duchié
» de Lorrainne, avons oye : contenant que comme lesdits mais-
» tres et ouvriers de verre soyent, à cause de leurs mestiers, et
» doibvent estre privilégiez et ayent plusieurs beaux droitz, li-

n longueur insoutenable ; c'est une redondance de style, de mots synonymes... n
Observons en passant que ce diplomatiste s'en prend au droit romain, qu'on
étudiait alors dans toute la France ; il n'attribue pas à d'autre cause ces ennuyeuses
prolixités d'un verbiageur inépuisable. C'est par trop de candeur, si candeur
il y a ; et je crois que l'inculpation ne pèserait pas tout entière sur le droit romain, si, dans sa jeunesse, Le Moine eut grossoyé seulement huit jours chez un
notaire ou chez un procureur.

(1) Alias du Tysal.
(2) Alias Henezel.

» bertez, franchises et prérogatives, et dont eulx et leurs pré-
» décesseurs ayent joui et usé de tous temps passez, et esté tenuz
» et réputez en telle franchise, comme chevaliers estimez et gens
» nobles dudit duchié de Lorrainne, sans que en ce leur ait esté
» mis auteun empeschement; desquelz droitz et franchises iceulx
» maistres et ouvriers avoyent lettres des prédécesseurs de Mon-
» seigneur et ducz de Lorrainne, ezquelles estoyent desclarez les
» droitz et priviléges octroyez auxdits verriers. Soit aussi que
» durant les guerres, qui par longue espace de temps ont reigné
» audit pays, et ez pays voisins, lesdits verriers désidérant
» mettre leursdites lettres en lieu seur pour les guarder... pour
» tèrent ja pieça (1) icelles en la ville de Darney, les meirent
» illec en guarde en certain lieu, cuidant (2) estre bien seur;
» mais par la prinse dudit Darney, furent icelles lettres perdues;
» du moins, comme qu'ils ayent fait trèsgrande diligence.... ils
» ne les ont peu recouvrer ne oyr et advoir nouvelles. Pourquoy
» font grand doubte que en temps advenir, pour ce qu'ils ne
» pourront faire deshument (3) apparoir des priviléges, droitz et
» prérogatives dont ils sont donnez et qu'ils ont usez, ne soyent
» par aucuns officiers de Monseigneur, empeschez et prohibez
» en leursdits priviléges; qu'il pourroit estre à leur trèsgrant
» préjudice, dommaige et diminution de leursdits priviléges, si
» sur ce ne leur estoit pourvu de remède convenable, ils nous
» ont humblement suppliez et requis de leur octroyer nos lettres
» nouvelles, desclairant leursdits priviléges et droitz dont ils ont
» accoustumé joyr et user on temps passé. Sçavoir faisons que,
» oye la relation d'auteuns gens du conseil et officiers de Mon-
» seigneur en sondit duchié de Lorrainne, congnoissant l'estat
» des verrières et les droitz et libertez que les ouvriers en icelles
» ont accoustumé aveir, lesquelz ont accoustumé de tous temps
» passez estre tenuz et maintenuz en toutes libertez et fran-

(1) Il n'y a pas encore longtemps.
(2) Croyant.
(3) Duement.

» chises, comme pourroyent estre et sont gens extraits de noble
» lignée; ensuite de grande délibération avec plusieurs gens du
» conseil de Monseigneur, voulant lesdits ouvriers de verres,
» demourant et ouvrant ez dites verrières, maintenir en leurs
» anciens droitz, franchises... Nous, les dessus nommez ouvriers
» de verres, ensemble leurs hoirs et successeurs ouvrant dudit
» mestier, ez dites verrières, et un chascun d'iceulx, voulons,
» octroyons estre tenuz francs, quittes et exempts de toutes
» tailles, aydes, subsides, d'ost, de giste et de chevaulchiées (1),
» et de tous débitz, exactions et subventions quelconques, qui
» pourroyent estre imposez sur le duchié de Lorrainne, sans que
» lesdits ouvriers verriers y soyent aulcunement gesnez, impo-
» sez, contribuez et contraintz en quelque manière que ce soit.
» Iceulx lesdits ouvriers pourront faire, ez dites verrières, verres
» tels et de telle couleur que leur plaira, et les faire mesner, et
» pourront les vendre par tous les pays de Monseigneur, où bon

---

(1) *Droit d'ost, service ou aide de l'ost.* Obligation pour le vassal de suivre
son seigneur à la guerre, personnellement ou par remplaçant, ou de payer une
somme pour subvenir aux frais de la guerre.

Droit de giste. Obligation de loger le souverain; elle entraînait presque toujours celle de le défrayer avec sa suite; et il n'en coûtait pas peu au pauvre vassal.
Témoin cet évêque dont parle Ragueau, (Glossaire du Droit français p. 847.)
« Charlemagne, dit-il, ayant ruiné un évêque par la fréquence de ses voyages,
» remarqua un jour qu'il était grandement occupé à faire, de toutes parts, net-
» toyer le logis, sans soin du traitement et nourriture; et luy ayant l'empereur dit
» que tout était assez net, l'évêque répondit qu'il était raisonnable *que tout de-
» meurast net jusqu'au fonds.* Dont Charlemagne ayant conçu la conséquence,
» il lui dit : Ne vous souciez, j'ay aussi bonne main pour remplir que pour vuider;
» et il le gratifia de plusieurs terres. »

Droit de chevaulchée. C'est le même que le service d'ost, à cette différence,
que par ce dernier, le vassal était obligé de suivre son seigneur à la guerre publique, et que, tenu du droit de chevaulchée, il fallait encore qu'il montât à cheval
pour le défendre dans ses guerres particulières.

Le droit de gite fut converti en une redevance pécuniaire, lorsque les hôtelle-
ries devenant moins rares, le souverain et le seigneur féodal à qui il était dû
dans quelques localités, trouvèrent à se loger ailleurs que chez leurs vassaux.

» leur semblera, sans que eulx ou ceulx qui mesueront ou qui
» porteront lesdits verres, soient tenuz, à cause desdits verres,
» payer auleun passaige, gabaile ni tributz quelconques; mais
» les porteront, mesneront et vendront tout franchement, sans
» que empeschement leur soit donné. Item, lesdits ouvriers ver-
» riers pourront, en la saison de la paisson en bois, mettre et
» tenir ez bois et forestz de Monseigneur, à l'environ desdites
» verrières, jusques à la quantité de cent pores, c'est à sçavoir,
» chacune verrière vingt-cinq pores, pour la provision de leurs
» mesnaiges et leur deffruit (1); sans que iceulx ne soyent tenuz
» en rendre ni payer auleune chose à Monseigneur ni à ses offi-
» ciers, en quelque manière que ce soit. Item, pourront lesdits
» verriers prendre, couper et remporter bois, c'est à sçavoir
» mairiens pour les édifices et reffaisons à faire en leurs maisons
» et ez verrières, et bois aussi pour ardoir (2), tant pour les né-
» cessitez de leurs mesnaiges que pour lesdites verrières, lequel
» bois ilz prendront et pourront prendre ez bois de Monseigneur,
» environ lesdites verrières, en lieu convenable, au moins de
» dommaige que faire se pourra pour Monseigneur, et au plus
» grand proffit et aisance que faire se pourra pour lesdits ou-
» vriers. Pourront aussi lesdits ouvriers verriers prendre, cueil-
» lir par les bois de Monseigneur, et emporter fouchières (3) et
» toutes aultres herbes propres et convenables pour le fait de
» leur mestier, et par suite et moyennant ces choses, lesdits
» verriers seront tenuz rendre et payer, chacun an, à Monsei-
» gneur, ez mains de son receveur général de Lorrainne, pour
» leurs verrières qui sont quatre, la somme de six petits florins
» au comptant, chascun florin de deux gros, monnoye courant
» audit duchié de Lorrainne, qui se payeront à deux termes en

(1) Consommation. Le mot *deffruit* est resté dans le langage populaire de notre
pays, comme tant d'autres mots de la langue romane, que le patois lorrain a con-
servés.

(2) Bruler.

(3) Fougères.

» l'an, c'est à sçavoir la moytié de ladite somme à jour de feste
» sainct Jehan-Baptiste, et l'autre moytié à feste de Noel après
» en suyvant, dont le premier terme commenceroit au jour de
» sainct Jehan-Baptiste maintenant passé, et ainsy dans un an,
» et de terme en terme. Et est à sçavoir que pour ce que la ver-
» rière Jehan Henezel est à présent vague.... Laquelle lesdits
» ouvriers ont en voulenté la réparer et remettre sus, ils ne
» payeront aulcune chose à cause d'ycelle, jusques elle sera re-
» mise en estat convenable, et qu'on pourra y ouvrer; lors
» payera comme les aultres. Item, pourront les verriers et ou-
» vriers chasser ez bois et forestz de Monseigneur, à l'environ
» desdites verrières, à bestes grosses et rousses, à chiens et har-
» nois de chasse, quand il leur plaira, sans pour ce estre reprins.
» Tous lesquelz priviléges, libertez, franchises et facultez ez
» choses dessus desclairez, par nous octroyez auxdits ouvriers
» desdites verrières, leur voulons estre entretenuz, observez
» et guardez à eulx, à leurs hoirs et successeurs verriers et ou-
» vriers. Item et pour ce que pour leur deffruict il leur convient
» plus souvent mouldre leurs blez en pays de Bourgoigne, nous
» leur avons consenti et donné congé et licence de faire et édifier
» sur l'ung des ruisseaux prochains desdites verrières ung mou-
» lin à leurs despens. Si donnons en mandement, par ces mesmes
» présentes, au bailly de Vosge, aux prévost et gruyer du bail-
» liage, et au receveur général dudit duchié de Lorrainne, aux
» prévost et officiers de Darney, et à tous les aultres justices et
» officiers de Monseigneur, en sondit duchié de Lorrainne, ou
» leurs lieutenans, ou à celuy d'eulx comme il appartiendra, que
» desd.ts droitz, libertez, franchises, priviléges, facultez, et de
» toutes les choses dessusdites, faire souffrir et laisser lesdits
» Guillaume du Tyson, Jehan son filz, Colin filz, Nycholas et
» Henry son frère, qui tiennent une des quatre verrières, Men-
» gin Jacob, Henry son filz, qui en tiennent une aultre, Jehan
» Henezel, qui tient l'autre, et Claude, filz de Pierre Bysenale,
» et Chelizot, son paraistre (1), qui tiennent la quarte, verriers

(1) Son beau-père.

» et ouvriers desdites verrières et leurs hoirs et successeurs, ou-
» vriers demourant ez dites verrières, et ung chacun d'eulx user
» pleinement et paisiblement, par la forme et manière dessus
» desclairez, et que ils ont accoustumé joyr et user par le temps
» passé, sans à ces choses ne aulcune d'icelles mettre ne souffrir
» estre fait, mis ou donné destourbier (1) ou empeschement aul-
» cun, ors ne on temps advenir, en manière que ce soit. Item,
» pourront lesdits ouvriers pescher à filet et harnois, et prendre
» poissons ez rivières et ruisseaux prochains desdites verrières,
» où ils ont accoustumé faire du temps passé. En tesmoing de
» quoi nous avons fait mettre à ces présentes le scel de Monsei-
» gneur, et par luy ordonné pour ses pays de pardeçà. Donné à
» Nancey le 21 jor du mois de juing, l'an mil quatre centz qua-
» rante huit, et donnons de nouvel en mandement au dessusdits
» bailly, grand gruyer.... (2). Donné en nostre ville de Nancey,
» ce quinziesme jour de septembre mil quatre cents soixante-neuf. »

Il était impossible que l'industrie verrière ne prospérât pas en
Lorraine, dotée qu'elle était de tant d'avantages. Ce n'était point
un vain titre que le duc Jean conférait aux verriers, en les assi-
milant aux nobles de race. Car, per ce seul fait, tous les priviléges attachés à l'état de noblesse leur étaient acquis de plein droit;
et si la charte qu'on vient de lire les maintient en toutes libertés
et franchises, si elle les déclare exempts de tailles, aides, subsides
et subventions, c'est tout-à-fait surabondamment et par prolixité
de style. « *Ils sont*, dit Florentin Thierriat (3) des nobles et

(1) Obstacle, trouble.

(2) La formule exécutoire du titre primitif est ici répétée pour le titre nouvel.

(3) *Trois Traictez*, savoir : 1° *de la noblesse de race*, 2° *de la noblesse
civile*, 3° *des immunitez des ignobles*. — Paris, 1606, in-8°, p. 241. Le
pauvre Thierriat, qui, dans son livre, faisait un long et pompeux exposé des priviléges de la noblesse de race et des anoblis, et qui y comprenait l'avantage
*d'être moins puni que les roturiers, et d'une façon de mort telle que celle
des gentilhommes et différente de celle des ignobles*, ne se doutait guère alors
que, trente et quelques années plus tard il serait pendu comme un roturier, comme
un *ignoble,* lui Florentin de Thierriat ou Le Thierriat, escuyer, seigneur d

2

anoblis, « *francs et immuns de tailles, taillons, creues, aydes, subsides, huictiesme, douziesme, vingtiesme, équivallens, ports, péages, barrage, passage, travers, munitions, garnisons, estapes, et de toutes impositions et subventions quelconques.*

Assurément c'était beaucoup au XVᵉ siècle, où le droit commun n'était qu'un réseau de servitudes, où, l'on ne jouissait de quelque liberté qu'exceptionnellement et par privilége, de n'être pas *taillable et corvéable à merci et miséricorde.* Mais le prince ne borne pas là ses bienfaits envers les ouvriers de verres, dont il a à cœur d'encourager l'industrie. Il les exempte des droits d'ost, de gîte et de chevauchée, auxquels les nobles étaient assujettis, si ce n'est personnellement, au moins à cause des terres qu'ils possédaient. Il veut que les produits de leurs usines circulent dans ses états, librement et avec exemption de tout impôt; il pourvoit à tous leurs besoins par des concessions dé panage, maronnage et chauffage dans les forêts ducales; le bois nécessaire à l'alimentation des verreries leur est laissé à discrétion, à charge seulement de concilier leur plus grand profit avec le moins de dommage possible. Enfin, les verriers jouissent des droits de chasse et de pêche; mais plus largement partagés que les nobles, à qui ces droits n'appartenaient que sur leurs propres terres, ils peuvent chasser quand et comme il leur plaira, dans les bois du duc aux environs de leurs usines, pêcher à filet dans les rivières et ruisseaux de leur voisinage; le rayon de cette concession n'est pas autrement déterminé, et il est à croire qu'un abus des plus faciles l'étendait jusques aux confins de la forêt de Darney, qui couvrait alors un vaste territoire. Et tous ces priviléges sont accordés, non pas seulement aux maîtres verriers, mais à leurs ouvriers *ouvrant le verre;* et tous les transmettront à leurs hoirs et *successeurs*: c'est à dire, si toutefois ce dernier mot n'est point une redondance, à tous ceux qui posséderont les mêmes verreries par hérédité ou autrement, à tous ceux

---

Lochepierre et autres lieux, lui noble de race : car il dit quelque part dans son traité, *nous et les anoblis.*

qui, fils d'ouvriers ou non, y travailleront à la fabrication du verre.

Tout cela pour six petits florins, et alors on n'appelait florins que les monnaies d'or, ou douze gros de redevance annuelle, probablement des gros d'or. Suivant les tables de Le Blanc (1), auxquelles il est bien forcé de recourir faute de renseignements sur la valeur du gros d'or, monnaie du duché de Lorraine, le marc d'or, en 1447, valait en France 97 livres 15 sous, cours de 1690 : ce qui porterait à environ 145 livres tournois la valeur de douze gros d'or. Si ce sont des gros d'argent, l'exiguité de la redevance ne permet plus de la considérer que comme une reconnaissance d'ascensement domanial, renouvelée d'année en année, par le seul fait du payement. Il y a nombre d'exemples qu'en Lorraine comme en France, le domaine du prince et celui de l'état, confondus sous plus d'un règne, ont été aliénés à des conditions tellement légères, qu'il n'est pas même à croire qu'elles aient été stipulées pour déguiser un véritable don. Et de ces libéralités, combien en est-il qui aient été faites comme celle-ci, dans la pensée que c'était semer pour recueillir ?

La charte de 1448 ne fournit, du reste, aucune indication de l'époque où l'industrie verrière s'était introduite en Lorraine, et toutes les recherches que j'ai pu faire ailleurs, dans le but de la découvrir, ont été infructueuses. On sait que l'art du verrier a pris naissance en Phénicie (2), qu'au temps de Pline l'ancien, il remontait déjà à des siècles éloignés : car après en avoir exposé succinctement l'origine et les progrès (3), cet écrivain parle des

(1) Traité hist. des monnoies de France, Paris, 1690, in-4°.

(2) Pline rapporte que des marchands de nitre qui traversaient la Phénicie s'étant arrêtés sur les bords du fleuve Belus pour y faire cuire leur viande, mirent au défaut de pierres des morceaux de nitre pour soutenir leurs vases, et que ce nitre, mêlé avec le sable, ayant été embrasé par le feu se fondit, formant une liqueur transparente et claire qui se figea, et donna la première idée du verre.

(3) C. Plinii Secundi naturalis historiæ, liber xxxvi, chap. 26, édition *Variorum*, *Lugd. Batav.*, 1668. 3 vol. in-8.

verreries de Sydon, et ajoute *hæc fuit antiqua ratio vitri* (1).
Importé à Rome sous le règne de Tibère, cet art d'utilité et
d'ornement ne tarda guère à se propager en Espagne et dans les
Gaules, et, si l'on en croit Winckelman, les anciens en général
faisaient de ses produits un usage plus fréquent que les moder-
nes. Mais quelles sont les contrées de la Gaule où se fabriqua le
verre pendant les quatre siècles de la domination romaine? Rien
que d'incertain à ce sujet. Les découvertes archéologiques faites
dans cette partie de la Gaule Belgique qu'habitaient les Leucois
et les Médiomatriciens nos ayeux, dans le pays des Séquaniens
dont la forêt de Darney a probablement fait partie (2), ont mis
au jour des vases en verre et différents bijoux en verroterie;
mais ces objets étaient-ils de fabrication indigène, ou bien
avaient-ils été importés d'autres parties de la Gaule? Les temps
du royaume d'Austrasie, qui fut un démembrement de la domination Franke, ceux du royaume de Lorraine où s'éteignit la
dynastie Carlovingienne, du duché de Mosellane et des premiers
ducs de Lorraine, sont encore plus obscurs et n'offrent pas un
indice sur lequel on puisse appuyer quelque conjecture. C'est
donc du milieu du xve siècle seulement, que la fabrication du
verre en Lorraine a date certaine, par la charte des verriers;
mais il faut dire que les termes dans lesquels est conçu ce docu-

(1) Il est parlé du verre dans les livres de Moyse et de Job, et, malgré l'auto-
rité de Pline, l'auteur, du reste fort aventureux dans ses assertions, des Recherches
sur les Égyptiens et les Chinois, prétend que la verrerie de la grande Diospolis,
capitale de la Thébaïde, est dans l'ordre des temps la première fabrique régulière
de cette espèce. Les Égyptiens savaient, dit-il, non-seulement donner au verre la
pureté du cristal, mais de plus ils le ciselaient, le travaillaient au tour et le do-
raient. Selon Pline, c'était d'Alexandrie que se tiraient les vases de verre blanc
transparent, mais ce résultat d'un perfectionnement dans les procédés, ne remonte
pas plus haut que le règne de Néron.

(2) Il est à remarquer que Darney, ainsi qu'une partie des lieux alentour appartenait au diocèse de Besançon, et qu'en général l'ancienne circonscription des diocèses
était celle des provinces Gauloises sous la domination romaine. Ainsi l'évêché de
Toul comprenait tout le pays des Leuks ou Leucois.

ment, la font remonter à des temps bien antérieurs. Assurément les libertés, franchises et prérogatives, dont les verriers et leurs devanciers avaient joui *de tous temps passés*, ainsi que le reconnaît cette charte, donnée par Jean de Calabre, en renouvellement de lettres patentes émanées de ses prédécesseurs; ces quatre usines, dont trois étaient en activité, et la quatrième avait besoin d'être réparée; ces verres de toutes sortes et de toutes couleurs qu'ils sont autorisés à fabriquer, et qui témoignent d'une industrie perfectionnée dont les produits s'étendent fort au delà du strict nécessaire; tous ces faits enfin, rappelés par les lettres ducales du 21 juin 1448, autorisent à croire que l'art de la verrerie en Lorraine avait déjà à cette époque une existence de plusieurs siècles, et c'est une opinion qui, je crois, ne sera pas taxée de témérité.

C'est dans la layette Darney, au trésor des chartes, que se trouve en double copie (1) la charte des verriers, et là aussi sont à peu près tous les documents à consulter sur l'industrie ver-

(1) L'une de ces copies, sur parchemin, est datée du 23 janvier 1492, et son écriture est bien celle de la seconde moitié du xve siècle. Sa souscription semble indiquer que l'original de cette charte se trouvait aux archives de la collégiale de Darney. Rien de plus vraisemblable : car le château de Darney appartenait aux ducs de Lorraine, et Thiébaut ii, qui paraît y avoir fait sa résidence ordinaire, avait fondé cette collégiale qui était à proprement parler, dit dom Calmet, la chapelle castrale de nos ducs. Délivrée par *Ferry Thomas de Relanges, prebstre, prévost des chanoines de Darney*, revêtue de sa signature avec paraphe, la copie dont s'agit porte, *en signe de vérité*, le *vidimus d'un tesmoing, monsignor Manuel*. Ce personnage était apparemment le doyen de l'église de Darney, où la plus haute dignité n'était pas, comme à Saint-Dié, celle de prévot. — La seconde copie, sur papier et sans date, finit ainsi : *donné pour copie extraite à vray original, par moy tabellion soussigné, Hacquerel*. Ce nom est signé avec paraphe. L'écriture est d'une époque assez avancée du xvie siècle.

Voilà pour les caractères extrinsèques des deux copies d'après lesquelles j'ai publié la charte des verriers, en rétablissant, autant que possible, l'uniformité ortographique. L'extrait ci-dessous de la Notice de la Lorraine, par dom Calmet, va justifier certaines énonciations de ce document, relatives à la perte des lettres patentes que les verriers tenaient des prédécesseurs de Jean de Calabre.

rière de l'ancienne Lorraine. Un grand nombre de titres et de pièces relatifs aux verreries y sont rassemblés; leurs dates comprennent l'intervalle écoulé de 1448 à 1727 ; mais le plus grand nombre appartient à la seconde moitié du xvie siècle. La fabrication du verre avait pris alors, et notamment dans la forêt de Darney, une extension considérable favorisée sans doute par la paix profonde dont la Lorraine jouissait, grâce à la sagesse et à la fermeté du gouvernement ducal, tandis que les contrées voisines étaient agitées par les dissensions religieuses, en proie à la guerre civile. On voit en 1554 et 1555, s'élever sur les seuls finages d'Attigny et de Belrupt, cinq nouvelles usines pour l'établissement et l'entretien desquelles les verriers obtiennent de Nicolas de Vaudémont, régent de Lorraine pendant la minorité de Charles iii, toutes les concessions dont ils ont besoin. Un cens annuel leur est imposé en échange de ces concessions, dont ils dépassèrent plus d'une fois les limites : car, en 1557, il devint nécessaire d'arpenter et d'aborner les verreries, ainsi que le cons-

« Les aventuriers nommés Écorcheurs dans la chronique du pays, prirent la for-
» teresse de Darney, le huitième jour d'octobre 1443.

« En l'année suivante, 1444, le roi Charles vii étant entré en Lorraine avec son
» armée, son avant-garde vint devant le château de Darney tenu par le Bâtard de
» Vergi, qui rendit cette place qu'il tenait du roi René Ier.

« En 1444, le Bâtard de Thuilières s'était emparé du château de Darney et
» l'avait fait fortifier ; de là il faisait des courses en Lorraine, prenant et pillant
» partout, sans s'informer si l'on était ami ou ennemi.

« Le roi de Sicile, René Ier, pria le roi Charles vii de l'en faire sortir, et à son
» refus, les deux rois se rendirent devant Darney, en firent le siège et obligèrent
» le Bâtard à se rendre. Les troupes françaises voulaient qu'on leur abandonnât la
» place au pillage ; mais le roi n'y voulut pas consentir, disant que Darney apparte-
» nant au roi René son cousin, il ne souffrirait pas qu'on lui causât ni déplaisir ni
» dommage. Ce Bâtard de Thuilières s'était apparemment jeté, après le Bâtard de
» Vergi, dans le château de Darney, depuis que le roi Charles l'eut pris à son en-
» trée en Lorraine, au commencement de la campagne de cette même année. »

Ces faits se passaient à Darney en 1443 et 1444, et c'est en 1448 que les verriers demandaient à Jean de Calabre une charte, en remplacement de celle qu'ils
avaient perdue.

tate une commission *ad hoc*, donnée au prévot et au receveur
de Darney. De cette même année, 14 octobre, date aussi une
ordonnance rendue pour réformer les abus qui s'y étaient introduits au grand préjudice du prince, « *de ses subjects et de la
chose publique; d'autant*, est-il ajouté, *que les verriers faisaient
verres sans mesure et loyaulté, contrevenant à leur art et estat
de noblesse, et que la traicte et vente de tels verres a cours quasy
par tout le monde : chose qui doit d'autant plus inciter et com-
mouvoir à y ordonner ordre et estat convenables* (1). Les mesures
prises dans ce but consistent, entre autres, à fixer la quantité de
verres à fabriquer chaque jour dans chaque usine, à prescrire
aux verriers d'employer pour la fabrication, et afin que leur
verre soit blanc, des cendres de salines dans la proportion d'un
tiers, à interdire toute expédition de verres *qu'ilz ne soient bons,
léaulx et marchands*, et empreints d'une marque particulière
pour chaque verrerie; enfin, à confier la surveillance de ces
établissements et l'inspection de leurs produits à un *regardeur*,
sur les rapports duquel les contrevenants seront punis d'amende
à la première et à la seconde reprise, et, en cas de nouvelle
récidive, *privés à jamais de besoigner dudit art de verres* dans
les verreries du duché.

Les produits de ces usines s'écoulaient principalement en
Suisse, d'où ils se répandaient en Allemagne et dans les autres

_____

(1) Chaque verrier sera tenu, dit l'ordonnance de 1557, « de faire chaque jour
« trente liens de bon verre blanc et non plus, contenant le lien trois tables, et
« chaque table 5 pieds (de Lorraine) de hauteur, et un pied et demi de largeur par
« le bas dudit lien, et au-dessus de largeur équivalente, pesant 15 livres, poids de
« marc, de bonne épaisseur, proportionnés tant en un lien comme en l'autre, le-
« quel lien sera lié de bons glays et tillots empaquetés de façon comme ils ont esté de
« toute ancienneté.

On nomme encore aujourd'hui *lien* un paquet de six feuilles de verre en table.
Glay, en vieux langage, veut dire verdure; il signifie aussi glayeul et roseau. Il y
a lieu de croire que *tillot* est une espèce de corde faite d'écorce de tilleul, car *til*
veut dire tilleul; *tille*, corde, chanvre, ficelle, *tiller*, faire de la corde avec de
l'écorce de tilleul.

contrées de l'Europe; l'ordonnance de 1557 dit *quasy par tout le monde*, mais c'est probablement une hyperbole qu'il ne faut pas prendre à la lettre. Jean Lange, marchand de Bâle, s'était engagé à recevoir tout le verre qui se fabriquerait en Lorraine. Son traité avec le gouvernement du duché, était passé pour douze années, à compter de Pâques 1556, et une convention particulière avec les verriers fixait les prix qu'il aurait à leur payer. Enfin, un accord entre ces derniers limitait la fabrication de chaque usine.

Nous allons voir que l'industrie verrière, vingt-sept ans avant ces réformes, avait déjà acquis assez d'importance et ses divers produits assez de renommée, pour être jugés dignes de mention dans un écrit destiné au public. C'est du reste, autant que je sache après maintes recherches, la première fois qu'il en est question ailleurs que dans les actes passés entre le gouvernement ducal et les concessionnaires des verreries. Ce témoignage est émané d'un écrivain digne de foi, Volcyr de Serrouville, *secrétaire ordinaire*, c'est ainsi qu'il se qualifie, et *historien* du duc de Lorraine (1). Il l'a consigné dans un de ses ouvrages publié à Paris en 1530, et dont une partie est consacrée à célébrer les richesses de la vieille Lorraine, ses richesses minérales surtout, et quelques-unes des merveilles d'art et d'industrie, que ce pays savait déjà produire au temps où vivait l'auteur.

Le volume dont il s'agit est peu connu, parce qu'il est fort rare : c'est un petit in-4°, imprimé en caractères gothiques et intitulé : *Cronicque abregee Par petis vers huytains des Empereurs, Roys et ducz Daustrasie : Auecques le Quinternier et singularitez du Parc d'honneur* (2).... Il est sans date, mais celle

(1) Ce ne sont pas là de vains titres que se donne Volcyr, auteur d'une relation imprimée et bien connue, de l'expédition mémorable où le duc Antoine termina en quelques jours du mois de mai 1525, la guerre dite des Rustauds, qui après avoir dévasté l'Alsace était sur le point d'ensanglanter la Lorraine.

(2) On lit au bas du titre : *Ilz se vendent en la rue sainct Jacques chez Didier maheu, a lenseigne Sainct Nicolas.* La souscription porte : *Cg*

du permis d'imprimer, qui est du 6 mars 1530, donne lieu de croire qu'il parut la même année; et il est sorti des presses parisiennes auxquelles Volcyr dut être forcé de recourir, car à cette époque il n'y avait plus d'imprimerie en Lorraine (1). La Chronique occupe les 25 premiers feuillets; le Quinternier commence au 26e et finit avec le 59e : c'est tout ce que j'en dirai. Le traité des *Singularitez du Parc d'honneur*, l'auteur appelle ainsi le duché de Lorraine, s'étend sur le reste du volume. Il est composé de treize chapitres, où l'auteur passe successivement en revue les *dons de nature qui*, dans les duchés de Lorraine et de Bar, *procèdent du facteur de la bonté du territoire et d'autre influence*, et qu'il a toujours soin de grouper par sept, lors même qu'à son point de vue l'énumération doive aller au-delà de ce nombre. Ainsi l'on y trouve dans le règne animal un septenaire de chiens de chasse, deux de bêtes sauvages, ainsi que deux septenaires de poissons d'eau douce, merveilleusement utiles *pour mieux les jours maigres passer et la foy catholique par jeusnes et abstinences maintenir à son entier*. Un des septenaires du règne minéral comprend : 1° les mines; 2° les verreries; 3° les salines; 4° les perles; 5° l'azur; 6° les métaux; 7° les jaspes et autres pierres; je vais en extraire ce qui concerne les verreries. Jusqu'à présent il n'a été question ici que des verreries de la forêt de Darney, parce que ce sont les seules sur lesquelles il existe, au trésor des Chartes de Nancy, des documents certains et de quelque précision; mais on va voir que la fabrication du verre, en Lorraine, n'était pas à beaucoup près restreinte dans cette partie de la souveraineté ducale.

fine la cronicque... nouuellement imprimee c Paris par Nicolas couteau... Le volume se compose de 56 feuillets chiffrés, signat. A-P2 et de 4 feuillets liminaires, titre compris.

(1) Voyez chap. II des Recherches hist. et bibliogr. sur les commencements de l'imprimerie en Lorraine, et sur ses progrès jusqu'à la fin du XVII siècle. Saint-Nicolas-de-Port, 1845, in-8.

» Chapitre **IV**. — Forges à faire mirouers, voirres (verres) fins et communs,
avec voirreries de gros voirres.

« Pareillement les voirrières sont par tous les quantons dudict
» parc d'honneur, à grosse abondance et diverses espèces de
» besongnes, comme premièrement appert es boys d'Argonne,
» au balliage de Cléremont, près des limites de Champaigne en
» Gaulle, là où l'on faict de plusieurs sortes de voirres fins en la
» semblance de christallins, et d'autres voirres communs, autant
» que l'on sçauroit soubhaicter ; et pour chose nouvelle veue de
» nostre temps, au lieu du Pont-à-Mousson, quinziesme jour
» de juing ou environ, le maistre voirrier fit présent au prince,
» modérateur dudict parc, d'ung crucifix mis sur une grande
» croix de voirre, en grosseur de la cuisse d'ung homme, accous-
» tré si richement de couleur, que l'on estoit aveuglé de la beauté
» et lueur. Joinct semblablement que, à Raon, au pays de
» Vosges et à Sainct-Quirin, l'on faict des mirouers qui se
» transportent par toute la chrestienté. Ce que l'on racompte
» avoir esté faict au lieu de Bainville surnommé aux mirouers,
» assis sur la rive de Mezelle, entre Charme et Bayon. »

Arrêtons-nous ici. Les faits qui ressortent de ce passage
méritent une attention particulière ; c'est au surplus le lieu de
rattacher au témoignage de Volcyr ce que j'ai pu recueillir concernant les diverses localités où, de son temps, s'exerçait l'industrie verrière. Ce sont : d'abord la forêt d'Argonne, puis
Raon, St-Quirin et Bainville-aux-Miroirs.

Les verreries de la forêt d'Argonne sont renommées depuis
plusieurs siècles, et on vient de voir que du temps de Volcyr la
fabrication n'y était pas, à beaucoup près, restreinte aux objets
de première nécessité. Ce crucifix en verre fondu, jeté en moule
et diversement colorié, dont le maître verrier fit présent au duc
Antoine à son passage à Pont-à-Mousson, témoigne assez que
l'industrie verrière du Clermontois s'élevait, avec plus ou moins
de perfection dans ses produits, jusqu'à l'imitation des œuvres

de l'art. Du reste cette petite contrée, dont les lieux les plus importants sont Clermont-en-Argonne, Varennes, Beaumont, Stenay, Dun et Jametz, le Clermontois, dis-je, n'a jamais fait partie de la Lorraine proprement dite, c'est-à-dire du duché. C'était une seigneurie particulière que les comtes et ducs de Bar possédaient depuis le xiie siècle, sous la suzeraineté des évêques de Verdun (1), et nos princes n'en ont joui qu'à compter du règne de René d'Anjou, sur la tête duquel furent réunies, comme on sait, en 1431, les couronnes ducales de Lorraine et de Bar. C'était toujours à charge de foi et hommage envers les évêques de Verdun, et ce devoir de vassalité ne cessa qu'en 1564, par suite d'un accord entre le duc Charles III et l'évêque Nicolas Psaume. Charles III, Henry II son fils et Charles IV, au commencement de son règne, furent donc seigneurs indépendants du Clermontois; mais à la suite des désastres essuyés par Charles IV, dans la première guerre qu'il soutint contre la France, il lui fallut subir la loi du vainqueur. Une des conditions du traité de Liverdun en 1632, fut que le duc de Lorraine *déposerait entre les mains du roi de France, les villes de Stenay et Jametz et la ville et forteresse de Clermont...,* et cet abandon devint irrévocable par le traité conclu à Paris, le 29 mars 1641. Il y fut stipulé que *le comté et la place de Clermont, les places, prévôtés et terres de Stenay et Jametz, la ville de Dun et son faubourg demeureraient, à l'avenir et pour jamais, unis à la couronne de France;* et comme, depuis son retour en Lorraine, Charles IV avait maintes fois protesté contre cette cession, on la

_____

(1) Le haut domaine de l'église de Verdun sur l'Argonne, remonte au loin dans le moyen-âge. Charles Martel, passant par Verdun, en 725, le lui *restitua,* s'il faut en croire Bertraire, qui écrivait au xe siècle. Dans les siècles suivants, la terre de Clermont avec ses dépendances continua d'être un fief épiscopal. Renaud, comte de Bar, la tenait à ce titre d'Albéron de Chiny, évêque de Verdun, de 1131 à 1138; et parmi les souverains du Barrois qui firent leurs reprises des successeurs de ce prélat, l'histoire cite, à la date de 1399, Robert premier duc de Bar, et plus tard René d'Anjou, qui fit les siennes de Louis d'Haraucourt. C'était en 1436, et ce prince était alors duc de Lorraine et de Bar.

lui fit encore ratifier en 1661, parmi les conditions auxquelles ses états lui furent rendus. En 1648, Louis xiv fit don irrévocable du comté de Clermont à la maison de Condé, qui le possédait encore en 1789.

Tels sont les faits qui concernent le Clermontois. Il serait intéressant de connaître les titres qui, dans des temps plus ou moins éloignés de nous, y favorisèrent l'établissement et les progrès des usines verrières; mais c'est en vain qu'on chercherait, au trésor des chartes de Nancy, ceux de la terre de Clermont, possédée par les successeurs de René d'Anjou, comme ducs de Bar et non comme ducs de Lorraine (1).

La forêt d'Argonne ne s'étendait pas seulement sur le Clermontois, elle couvrait encore une partie de la frontière de Champagne, qu'on appelait le comté d'Argonne; et, à l'époque où le Clermontois appartenait aux ducs de Lorraine, le ruisseau de la Biesme, qui traverse cette forêt dans la direction du sud-est au nord-ouest, marquait la limite entre les possessions ducales et le territoire français. Dans le comté d'Argonne ou l'Argonne française, dont la ville de Sainte-Menehould était la capitale existaient aussi des verreries au temps où Voleyr écrivait. « La » grande quantité de bois que produisait l'Argonne », dit l'auteur d'une histoire de Sainte-Menehould, récemment publiée « y fa-

(1) Peut-être les trouverait-on dans les anciennes archives de la Chambre du conseil et des comptes de Bar. Mais il y a lieu d'en douter, supposé même que ces archives n'aient pas été détruites ou dispersées, et qu'elles soient encore à Bar-le-Duc. Si les titres du comté de Clermont eussent fait partie des archives de Lorraine, lorsque après la reddition de la forteresse de la Mothe, où Charles IV avait cru mettre en sûreté son chartrier, elles furent transportées en France, on peut tenir pour certain qu'ils n'auraient pas été compris dans la restitution partielle de ces archives ; car elle eut lieu depuis la cession à la France du pays qu'ils concernaient. Il y a parité de raison pour croire que s'ils se trouvaient à Bar, lorsque les Français s'emparèrent de cette ville pendant les guerres du règne de Charles IV, en 1632 d'abord, puis en 1641, 1650 et 1652, ces titres n'y sont pas restés, et grande probabilité qu'ils ont passé dans les archives de la maison de Condé, lorsqu'elle fut mise en possession du comté de Clermont.

» vorisa l'établissement des verreries à bouteilles. Dès l'année
» 1518, il y en avait deux sur les frontières de la Champagne,
» l'une à Chatrice, l'autre au bois Japin, près de Triamont. Des
» gentilshommes les faisaient valoir et y travaillaient eux-mêmes.
» En 1555, quelques-uns d'entre eux construisirent à Conrupt,
» au-dessous de l'abbaye de Beaulieu, près du ruisseau de
» Biesme, une nouvelle verrerie. Delamarre, abbé de Beaulieu,
» dont Conrupt dépendait, favorisa cet établissement en don-
» nant à long bail à ces verriers un vaste terrain, alors de peu
» de rapport, couvert de broussailles et qu'ils défrichèrent.

» La proximité de la forêt, la facilité d'y trouver ce qui était
» nécessaire à leur usine, leurs succès dans la fabrication des
» bouteilles, donnèrent de l'émulation à ces gentilshommes.
» Leurs familles s'étant multipliées, ils conçurent le dessein de
» construire, avec la permission des seigneurs du Clermontois,
» d'autres verreries pour y établir leurs enfants. De là tous ces
» fours à plusieurs ouvreux dans la contrée de Biesme; de là
» un genre d'industrie qui sert à la consommation des bois,
» vivifie et enrichit ce canton de l'Argonne; de là un commerce
» considérable qui fournit chaque année des milliers de bou-
» teilles aux vignobles de Champagne et de Bourgogne, ainsi
» qu'une infinité de cloches pour les jardins et de verres à vitres
» que l'on transporte au-delà de Paris. »

De ce passage on peut, je crois, conclure que dans l'opinion
de l'historien de Sainte-Menehould, les premières usines à verre
du Clermontois ne datent que de la seconde moitié du XVIe siècle
tout au plus : car un temps assez long a dû s'écouler avant que
les descendants des gentilshommes verriers qui, en 1518, étaient
établis à Chatrice et au bois Japin, devenus trop nombreux sur
la rive gauche de la Biesme, songeassent à étendre leur industrie sur la rive droite, avec la permission des seigneurs du Clermontois qui étaient alors les ducs de Lorraine. Mais comment
concilier cette induction, et les faits dont elle est tirée, avec ce
que Volcyr rapporte en 1530 des verriers du bailliage de Clermont, de l'activité de leurs travaux et de la variété des produits

qu'ils livraient au commerce? La contradiction est manifeste, et si quelqu'un a été mal renseigné, de l'auteur contemporain où de l'écrivain du xixe siècle, c'est assurément ce dernier, trop disposé peut-être, il faut encore le dire, à attribuer à son pays natal une priorité d'industrie que les deux rives de la Biesme peuvent revendiquer avec égalité de titres.

Mes recherches au sujet de la verrerie qui, suivant Voleyr existait à Raon, n'ont eu aucun résultat. Il y a dans les Vosges une petite ville de ce nom, qui est Raon-l'Étape, et plusieurs villages : entre autres Raon-les-Leau qui, comme Raon-l'Étape, dépendait du duché de Lorraine, Raon-sur-Plaine et la Petite-Raon qui faisaient partie de la principauté de Salm; mais entre ces lieux peu distants l'un de l'autre, il est impossible de déterminer aujourd'hui celui qui fut le siége d'une verrerie où l'on faisait des miroirs en 1550. Serait-ce Raon-les-Leau ou Raon-sur-Plaine, qu'une distance de quarante à cinquante kilomètres au plus sépare de Saint-Quirin, ou Raon-l'Étape qui, située sur la Meurthe, à une heure et demie de marche de Baccarat, réunissait peut-être les avantages de localité qui, dans la seconde moitié du xviiie siècle, déterminèrent l'établissement d'une verrerie près de cette dernière ville. Du reste, l'oubli complet dans lequel est tombée l'usine de Raon donne lieu de croire que son existence eut peu de durée.

L'auteur d'un Dictionnaire statistique du département de la Meurthe (1), où l'on trouve des détails d'une certaine étendue sur la verrerie de Leutenbach ou Saint-Quirin, nous apprend qu'elle fut créée en 1738. Cette assertion peut paraître confirmée jusqu'à un certain point par le silence de M. Turgot, intendant des Trois-Évêchés, qui a écrit et adressé à Louis xiv, en 1698, un mémoire statistique sur cette province, ainsi que du géographe lorrain Bugnon, auteur de l'Alphabet du gouvernement des Trois-Évêchés en 1709 Le premier de ces deux ouvrages (2) ne

(1) Lunéville, 1836-38, 2 vol. in-8.
(1) Le Mémoire de M. Turgot a été inséré en partie dans l'État de la France,

fait aucune mention de Saint-Quirin, quoique ce lieu fit partie
du temporel des évêques de Metz, et il n'en est question dans le
second que comme d'un petit village de la seigneurie de Turkestein, imposé en 1690 à 188 livres, plus 28 livres pour les
métairies qui en dépendent. La Notice de la Lorraine, à l'article
Saint-Quirin qui, je dois le dire, n'est pas de Dom Calmet,
s'étend assez longuement sur le prieuré fondé en ce lieu au xᵉ
siècle, sur les reliques de Saint-Quirin, et leurs vertus miracu-
leuses pour la guérison des écrouelles; mais on n'y rencontre
pas un seul mot qui puisse faire soupçonner l'existence d'une
verrerie dans cette partie des Vosges. Il en est question pour la
première fois en 1756, dans le Traité du département de Metz,
par Stémer (1), et en ces termes : » Les verreries qui sont éta-
» blies à Saint-Quirin sont en réputation; elles ont le privilége
» de manufacture royale. On y fabrique de beaux verres en
» table, verres de Bohême et cristaux. » Cependant on peut
voir par l'extrait que je viens de donner des *singularitez du parc
d'honneur*, que l'existence de la verrerie de Saint-Quirin est
bien plus ancienne qu'on ne le croyait généralement, et que
déjà dans la première moitié du xvɪᵉ siècle cet établissement était
renommé entre toutes les usines verrières par la spécialité de
ses produits. Ses miroirs, dit Voleyr, *se transportaient dans
toute la chrétienté.*

C'est du xɪɪɪᵉ siècle que les miroirs soufflés et étamés ont date
certaine, par le rapport des auteurs Allemands. Ceux-ci, du reste,
en font mention comme d'une chose très-commune : ce qui au-
torise à croire que l'invention a précédé de longtemps cette époque, et que les produits de la verrerie à glaces avaient depuis
bien des années remplacé en Europe les feuilles de métal poli et
le verre *Obsidien* (2), ou verre noir des volcans. Mais quels sont

par le comte de Boulainvilliers, ouvrage dont il existe plusieurs éditions. L'Alphabet des Trois-Évêchés n'a point été livré à l'impression, mais il en existe quelques copies manuscrites.

(1) Paris, 1756, in-4.

(2) Du nom d'Obsidius qui l'avait découvert en Éthiopie : on l'incrustait dans

les lieux où florissait, dans nos contrées, cette branche de l'industrie verrière dont Venise, à tort ou à droit, s'attribue l'origine (1)? La verrerie de Saint-Quirin existait-elle au XIII siècle, et combien d'années s'écoulèrent-elles obscurément avant que la renommée célébrât les produits de cette usine et les recommandât au commerce des contrées lointaines? On l'ignore : antérieurement à Volcyr, comme dans l'intervalle de plus de deux siècles, entre l'impression de son livre et la publication du travail statistique de Stémer sur le département de Metz, il n'est question de la verrerie de Saint-Quirin dans aucun des écrits qui sont parvenus jusqu'à nous. On peut dire avec grande probabilité qu'elle tomba durant les guerres qui, sous le règne désastreux de Charles IV, amoncelèrent tant de ruines en Lorraine et dans les pays voisins; mais comment percer les ténèbres qui enveloppent son origine et ses travaux jusqu'en 1550? Des recherches au trésor des chartes de Lorraine seraient sans résultat : car, ainsi que je l'ai dit, Saint-Quirin appartenait aux évêques de Metz, comme toute la seigneurie de Turkestein dont ce village faisait partie. Si les ducs de Lorraine l'ont jamais possédée, ce n'a pu être que temporairement, par suite de quelque engagement suivi de rachat bientôt après. C'est donc à Metz, et en compulsant les vieilles archives épiscopales, qu'on peut avec quelque espérance de succès chercher les matériaux d'une notice sur la verrerie de Leutenbach ou Saint-Quirin, et sur l'origine de la branche d'industrie qui déjà lui était propre au XVIe siècle, et qu'elle reprit quand elle fut relevée de ses ruines au XVIIIe. En

les murailles. Millin pense que c'est avec ce produit volcanique ou avec du verre enduit de bitume qu'on faisait ces miroirs de la grandeur d'un homme dont parle Sénèque, peut-être même ces miroirs convexes où le doigt paraissait plus gros et plus long que le bras, et dont Horatius Quadra, cet infâme débauché *tam virorum quam feminarum avidus*, cité par le même écrivain, se servait dans ses orgies, et qu'il disposait de telle sorte, *ut, quùm virum ipse pateretur aversus, omnes admissarii sui motus in speculo videret, ac deinde falsa magnitudine ipsius membri tanquam vera gauderet*.... Quœst. natur. XVI.

(1) V. infrà.

attendant, il n'est peut-être pas inutile de rappeler ici que la vallée où elle est située était habitée, non-seulement au moyen-âge, mais encore pendant la période Gallo-Romaine ou Triboco-Romaine (1), et que ces deux époques y ont laissé des vestiges qui se remarquent surtout à proximité de l'usine.

Quant à Bainville-aux-Miroirs, on a dû remarquer que Voleyr n'en parle que d'après la tradition. Le Trésor des chartes de Nancy contient un assez grand nombre de titres relatifs à ce village, dont l'existence parait remonter assez haut dans le moyen-âge, mais pas un concernant l'usine verrière qui parait avoir existé sur son territoire. Aussi dom Calmet écrit-il dans sa Notice de la Lorraine, au mot *Bainville*: « Je ne sais pas pourquoi on lui donne le nom de Bainville-aux-Miroirs. »

Je reprends le texte de Voleyr, à l'endroit où je l'ai laissé pour entrer dans ces explications. On y lit :

« Et se forgent les voirres en la fournaise ardente par ung
» merveilleux artifice, avec un fer attaché au bout d'un baston
» percé, par le moyen duquel il tire la matte embrasée, laquelle
» à force de souffler et rouller sur une planche, vient à s'arron-
» dir et enfler tant et si longuement, qu'elle a prins la forme et
» grosseur des mirouers, grans, moyens ou petits, comme bon
» semble au maistre ouvrier, et les accoustre en forme de bou-
» teilles et phiolles; puis après il applique le plomb par grant
» subtilité pour donner le lustre et reverbération des choses,
» lesquelles sont opposées et mises au-devant desdits mirouers
» qui, depuis avoir été disjointz et séparés dudict canal de fer,
» sont mis en pièces pour en répartir à tous ceux qui en veulent
» avoir.

» Outre ces choses, l'on besongne audict pays, en matière de
» voirres, si ingénieusement et en tant de sortes, avec apposition

(1) La vallée de Leutenbach ou Saint-Quirin faisait partie du pays des Triboques.
V. Recherches archéol. et hist. sur le comté de Dachsbourg ; aujourd'hui Dabo...
par Ch. Beaulieu. Paris 1836, in-8.

» de couleurs divers et images, pourtraitz, figures et blazons
» que bien long seroit à racompter. »

Ici le laconisme de notre auteur fait naître des regrets : car il
est évidemment question de la peinture sur verre, dont le xvie
siècle est la plus brillante époque. C'est, pour ne citer que quelques grands artistes, entre mille dont le talent fit contribuer à
l'embellissement des temples, des palais et d'un grand nombre
de maisons particulières, les vitres qui n'étaient d'abord desti-
nées qu'à les éclairer, le temps où fleurirent Albert Durer en
Allemagne, et en France les Robert Pinaigrier, les Bernard Pa-
lissy et les Jean Cousin (1). La Lorraine eut alors ses peintres
sur verre, comme elle eut aussi ses sculpteurs : nous venons
d'en lire le témoignage émané d'un contemporain, et c'est sans
doute à des artistes nés et nourris dans son sein, qu'elle fut re-
devable de ces vitraux dont quelques-unes de nos églises gothiques offrent encore de si beaux restes. Mais leurs noms sont
tombés dans l'oubli. En vain les cherche-t-on sur les ouvrages
qu'ils ont laissés, tout a disparu de ce qui pouvait constater
l'existence de nos peintres verriers; et rien n'empêche que les
produits de ces talents indigènes soient aujourd'hui revendiqués
pour la gloire d'artistes étrangers, mieux recommandés à la postérité par le soin qu'ils ont pris de leur mémoire, ou par la sol-
licitude contemporaine. Un seul nom est parvenu jusqu'à nous,
c'est celui de Valentin Bousch qui n'était pas de la Lorraine proprement dite, mais qui appartient à la contrée par sa naissance et
par ses travaux. C'est lui qui a peint, vers l'an 1526, une partie

(1) Albert Durer, né au XVe siècle, est mort en 1528. Ses vitraux sont en
général de la plus grande beauté. On y remarque beaucoup de chaleur et de viva-
cité ; les couleurs en sont pures et vigoureuses, et le dessin correct, surtout dans
ceux qui se voyaient dans l'église du Temple à Paris. On a de Robert Pinaigrier,
entr'autres ouvrages dont la plupart décoraient les églises de Paris et de Chartres,
des vitraux datés de 1527 et 1530. Quant à Jean Cousin, les plus célèbres de ses
ouvrages sur verre sont les vitres de la paroisse St-Gervais à Paris et les grisailles
du château d'Anet.

des magnifiques vitraux de la cathédrale de Metz sa patrie, et il est à présumer que ses travaux ne se bornèrent pas là (1).

Le surplus du chapitre concerne les verreries de la forêt de Darney. Ce qu'à la date de 1550 il fait connaître de ces usines, du commerce important et des exportations lointaines dont leurs produits étaient l'objet, concorde parfaitement, comme on va le voir, avec ce qu'écrivait, vers la fin du même siècle, le président Alix dans sa description du duché de Lorraine.

« Sans oublier, » dit à ce sujet Voleyr, « les voirrières de gros » voirres auprès de Darney, sur les bords et lieux lymitrophes » du duché de Lorraine, où l'art et fabrique est exécutée si » abondamment que toutes autres nations, territoires et pays en » sont sortis (pourvus) et recouvertz : ce qui auroit été réservé » audict lieu comme par prérogative et don de nature, veu que » autre part on n'en besongne aucunement, à cause de la ma- » tière qui se trouve seulement en cette marche et contrée, » selon le jugement de plusieurs. »

Thiéry Alix, président en la cour des Comptes de Nancy et auteur d'une description manuscrite de la Lorraine, présentée par lui à Charles III en 1594, et restée manuscrite, y fait mention des verreries parmi les singularités du pays. Son témoignage confirmerait, s'il en était besoin, ce qu'on vient de lire dans le préambule de l'ordonnance de 1557, sur le grand commerce qui se faisait à l'étranger du verre fabriqué dans les Vosges. « Ne sont aussy à obmettre, dit-il, les grandes tables de verres » de toutes couleurs qui se font ez haultes forests de Vosge, » ezquelles se trouvent à propos les herbes et aultres choses né- » cessaires à cet art, qui ne se rencontrent que rarement ez » aultres pays et provinces, dont une bonne partie de l'Europe » est servie par le transport et trafic continuel qui s'en fait ez » Pays-Bas et Angleterre, puis de là aux aultres régions plus

(1) Valentin Bousch peignait aussi à l'huile, car, par son testament en date du 25 mars 1541, il lègue à la cathédrale de Metz *un sien tableau de Nostre-Dame, faict à l'huile.*

» remotes et esloignées, sans aultrement faire estat d'une quan-
» tité et nombre infini de petits et menus verres. Les grands
» miroirs et bassins, et toutes aultres façons *qui ne se font ail-*
» *leurs en tout l'univers.* » Il y avait alors, et c'est aussi le président Alix qui en donne le dénombrement, douze verreries de
grands verres, et six de menus verres dans la recette de Darney, trois
des premières et une des secondes dans la recette de Dompaire.

A propos de ces mots *qui ne se font ailleurs en tout l'univers,*
l'éditeur d'un curieux et très-bon recueil qui a pour titre *Les*
anciens Minéralogistes du royaume de France (1), remarqué
qu'en 1525, « Jean-Augustin Panthée, chimiste Vénitien, qui a
» décrit en grand toutes les opérations chimiques préparées et
» vendues par les Vénitiens, fait mention des miroirs métalli-
» ques, les uns frangibles composés d'étain, les autres infran-
» gibles composés d'argent. » Il demande si à cette époque,
les Vénitiens n'avaient point de manufactures de glaces, et si
ce n'est pas en Lorraine que cet art a pris naissance, comme
l'insinue le président Alix ? Répondre à la première question que
déjà au XVᵉ siècle, Murrano dans (2) l'État Vénitien était célèbre

(1) Paris 1779, 2 vol. in-8.

(2) Le Grand d'Aussy. Histoire de la vie privée des François, tome 3, p. 222
de l'édition de Paris, 1815, 3 vol. in-8.

. Les habitants d'Alexandrie en Egypte, dit un écrivain du XVIᵉ siècle (Observations de plusieurs singularités et choses mémorables trouvées en Grèce, Asie,
Judée, Egypte... par Pierre Bélon du Mans, folio 173 verso de l'édition d'An-
vers, 1555, in 8,) gardent soigneusement les cendres de l'herbe que nous nommons
» de la soulde, qu'ils vendent aux Vénitiens... et en font grand amas, tellement
» qu'ils en peuvent charger les navires des marchands qui les viennent achepter pour
» porter à Venise pour en faire les verres de cristallin. Ceux qui font les verres
» à Moran (Murrano) de Venise, la meslent avec des cailloux qu'ils font apporter de
» Pavie par le Tesin, lesquels proportionnez avec la cendre font la paste du plus fin
» verre de cristallin. Mais les François ayants n'a pas longtemps commencé à faire
» les verres cristallins, ont fait servir le sablon d'Estampes au lieu des cailloux
» du Tesin, que les ouvriers ont trouvé meilleur que ledict caillou de Pavie... »

Je rapporte ce passage, parce que c'est sur le témoignage de Bélon que Le Grand

par ses manufactures de glaces, de cristal et de verroteries, et que les verres cristallisés de Murrano se faisaient avec des cendres du pays et des cailloux du Tesin, ce n'est pas la résoudre : car il s'agit de glaces étamées, et l'art de fabriquer les glaces ne suppose pas et a dû nécessairement précéder celui d'en faire des miroirs en les étamant. Quant à la seconde, si on pouvait la décider en faveur de la Lorraine, il faudrait aussi, par la raison que j'ai donnée plus haut, (1) faire remonter au-delà du treizième siècle l'invention de ces miroirs; et, en appliquant le témoignage des auteurs allemands de cette époque aux produits des verreries lorraines et notamment à ceux de Leutenbach ou Saint-Quirin, on l'expliquerait d'une manière fort plausible par les rapports qui existaient alors entre l'Allemagne et la Lorraine, dont le territoire soit ducal, soit épiscopal, n'a été détaché de l'empire germanique que trois cents ans plus tard.

On a vu que les verriers étaient tenus d'un cens annuel par leurs titres de concessions. Plus tard ils furent soumis à des impôts qui étaient perçus par un amodiateur, et que les besoins de l'état accrurent en 1565. Le produit net en est fixé à cette époque, dans un bail passé par les gens des comptes de Lorraine, pour trois ans, à la charge de rendre chaque année la somme de 6,500 francs (Barrois), *du droit d'impostz mis sur les grands et menus verres qui se fabriquent ez verreries de Lorraine*. En 1606, nouvel impôt. Il en résulta une diminution notable du nombre des verreries, et l'impôt fut loin de produire ce qu'on en attendait. Celui de 1565 avait eu les mêmes conséquences; et, quoique moins graves, elles étaient pour le gouvernement ducal un avertissement, dont il ne sut ou ne voulut pas profiter. Peut-être le fisc avait-il intérêt à ce que les verreries fussent moins nombreuses

d'Aussy paraît s'appuyer pour faire remonter au XVe siècle la célébrité des manufactures de Murrano, et que cet écrivain ne parle que de ce qui avait lieu de son temps, en 1553, date de la première édition de ses *Observations*.

(1) P. 31.

et plus importantes. Quoi qu'il en soit, plusieurs de ces usines, abandonnées par leurs propriétaires, ne se relevèrent pas. Beaucoup d'autres disparurent sans doute, et pour toujours, pendant les guerres désastreuses du règne de Charles IV. Aussi est-il à remarquer qu'à l'exception d'un rapport des gens des comptes, daté de 1669, la layette Darney n'offre plus aucune trace de l'existence des verreries si nombreuses et si florissantes au siècle précédent; et cette lacune qui commence à 1632, se prolonge au-delà du règne de Léopold. C'est alors seulement, et après un intervalle presque séculaire, que reparaissent, avec quelques ascensements de terrains au profit d'anciennes verreries, deux autorisations d'en établir de nouvelles. L'une donnée en 1731, est pour une manufacture de verre en table de toute valeur, à établir dans la forêt de Belrupt, sur un emplacement de 45 arpents.

Cependant quelques usines à verre de la forêt de Darney restèrent debout, ou furent remises en activité durant l'occupation de la Lorraine par les armées de Louis XIV. On en trouve le témoignage dans le mémoire adressé à ce monarque, en 1698, par M. de Vaubourg, intendant de la province de Lorraine. (1). « Les verreries établies dans les bois de la prévôté de Darney, du » côté de la Franche-Comté et dans ceux qui sont voisins de » Saint-Mihiel, comme aussi au village de Tonnoy, à trois lieues » de Nancy, fournissent le pays de verre. »

Telle est, en résumé général, la substance des titres du trésor des chartes de Nancy, qui sont relatifs aux verreries de l'ancienne Lorraine. Les noms de verriers qu'on y voit figurer le plus fréquemment, sont ceux de Hennezel et de Finance, et, chose remarquable, ce sont eux qu'on rencontre sur les plus anciens et les plus récents de ces actes. Il est question de Jean

---

(1) Ce mémoire, comme celui de M. Turgot et tous ceux qui à la même époque furent rédigés par les intendans des provinces de France, pour être mis sous les yeux de Louis XIV, a été analysé par le comte de Boulainvilliers, dans l'ouvrage intitulé : *Etat de la France*. Il n'a jamais été imprimé en entier, mais on en rencontre des copies manuscrites.

Hennezel, autrement Hendel (1), parmi les impétrants de la
charte de 1448, et sa verrerie, qu'il s'agissait de rétablir, n'était
pas alors un établissement nouveau-né. Le nom de Jacob Finance paraît à la date de 1492; et ce sont leurs descendants,
Nicolas d'Hennezel et François de Finance, qui obtiennent
conjointement, en 1757, l'acensement de 60 arpents de terre,
joignant la verrerie de Hennezel leur propriété commune. Les
familles Hennezel et Finance existent encore aujourd'hui. Au
reste, il était difficile que la première s'éteignît, représentée
qu'elle était en 1520, par sept frères, tous verriers. Après plus
de quatre siècles d'une honorable industrie, continuée de père
en fils dans cette famille, un des descendants de Jehan Hennezel
est encore aujourd'hui propriétaire des verreries de Claire-Fon-
taine et de la Planchotte, dans la commune qui porte son nom;
et ces usines sont restées seules du grand nombre de verreries
dont les ducs de Lorraine avaient autorisé l'établissement dans
la forêt de Darney (2).

Les verreries des bois voisins de Saint-Mihiel sont celles de
l'Argonne qui, bien que ce pays fut déjà depuis longtemps
détaché des possessions ducales, avaient dû, pendant l'occupation
française, conserver en Lorraine un débouché pour leurs produits. Quant à celle de Tonnoy qui n'est mentionnée dans aucun

(1) Ce nom ne figure dans le corps de l'acte qu'attaché à la verrerie dont Hennezel
était possesseur, mais on le retrouve au nombre des impétrans, dans la formule
exécutoire. Il est écrit Hendel, Hénezel et Hennezel, de même que Brysonale et
ses fils y sont appelés aussi Bisonale. On sait que dans les anciens titres, l'ortographe
des noms propres n'est rien moins que constante.

(2) Les plus anciennes verreries, après les quatre que mentionne le titre de 1448,
sont la verrerie de Thiétry, qui date des dernières années du XVe siècle et celle de la
Sybille, rebâtie en 1501 par Jean et Philippe Thiédry ou Thiétry; celle qu'en 1505
le duc René II permit à François de Tysal d'établir au lieu dit la Haute-Frison, sur
le Rupt des Vosges; la verrerie du Torchon ou Trochon, concédée en 1511 à
Claude-Didier et Jean Hennezel, enfin celle de Tolloy, concédée à Nicolas et Guillaume Hennezel, qualifiés d'écuyers dans un titre de 1517. Les autres verreries ont
été l'objet de concessions dont les titres sont de 1534 et années suivantes.

ouvrage sur la Lorraine, antérieur au mémoire de M. de Vaubourg, il paraît certain qu'elle prit naissance vers 1690. Léopold,
à son arrivée en Lorraine, après le traité de Rysvick qui lui
avait rendu les duchés de Lorraine et de Bar, tels à peu près
que les possédait Charles IV en 1670, trouva cette usine en activité et en autorisa l'établissement, par lettres patentes du 15
septembre 1698. Elle fut transférée à Porcieux (Vosges, entre
Charmes et Châtel-sur-Moselle); mais il faut croire que cette
translation, autorisée en 1705, ne fut d'abord que partielle : car
on lit dans un manuscrit autographe de Bugnon, daté de 1719,
intitulé : *Alphabet curieux des lieux des duchés de Lorraine et
de Bar*, et qui n'est qu'un abrégé de son grand Polium géogra-
phique de la Lorraine. « Tonnoy, village de la prévôté de Ro-
» sières-aux-salines. Il y a un château, un moulin et une verrerie
» sur le ban... » Durival ne fait aucune mention de la verrerie
de Tonnoy dans son excellente description de la Lorraine, imprimée en 1779, parce qu'alors cette usine avait entièrement cessé
d'exister (1).

---

(1) Plus d'un lecteur de cette notice sur l'industrie verrière de l'ancienne Lorraine a dû s'étonner de mon silence, en ce qui est relatif à plusieurs établissements
de première importance que le département de la Meurthe montre avec orgueil, et
dont l'un est peut-être sans rival dans le monde entier. Certes, s'il est des noms
justement célèbres dans les fastes industriels, ce sont ceux de Cirey et de Baccarat,
à la suite desquels le nom de Valéristhal a récemment mérité d'être inscrit. Mais
les recherches dont je viens de publier le résultat ne concernant que les temps
anciens et le duché de Lorraine, je n'ai pas dû m'occuper des verreries du département de la Meurthe, qui sont toutes d'une création plus ou moins récente : lors
surtout qu'à l'exception de Vannes, les lieux où elles sont situées, quoique enclavés
dans la Lorraine, n'étaient pas soumis au gouvernement ducal. Cirey, Plaine de
Walsch et Baccarat, de même que St-Quirin, dépendaient de l'évêché de Metz ;
Harberg et Soldatenthal faisaient partie de l'Alsace. Tels sont les motifs de mon
silence, autrement il serait inexplicable.

CHAPITRE III.

Des gentilshommes verriers et des verriers non gentilshommes.

Il n'a sans doute pas échappé au lecteur que les priviléges accordés, en 1448, aux verriers et ouvriers de verres, pour eux, leurs hoirs et successeurs, sont ceux qui appartenaient *à gens nobles, extraits de noble lignée*. Le duc Jean ne répète pas ce que les verriers disaient dans leur requête, (1) *qu'ils étaient estimés comme chevaliers ;* mais il les assimile dans les termes les plus formels aux nobles d'origine, et ce n'est point un octroi résultant de ses lettres-patentes : leur état de noblesse est un fait antérieur dont il reconnait et proclame l'existence. Il est encore à remarquer que cent ans après, lorsqu'il s'agit de réformer les abus introduits dans la fabrication du verre, un des reproches adressés aux verriers, par le régent de Lorraine, est *de contrevenir à leur estat de noblesse.* Les verriers de Lorraine, sinon tous, au moins les descendans de ceux qui sont dénommés dans les actes antérieurs à l'ordonnance de réformation, (2) pouvaient donc ;

(1) Les prétentions au rang de chevalier n'étaient pas particulières aux verriers de la forêt de Darney ; ceux de l'Argonne ne s'en faisaient pas faute. « Dans les actes « publics, « dit l'auteur de l'histoire de Ste-Menehould, » les verriers ne manquaient « pas de prendre la qualité de chevalier que précédait celle de maître de verrerie. « Un jour que deux familles célébraient un mariage, elles invitèrent aux noces un « honnête marchand de Sainte-Menehould, avec lequel elles étaient en relation « d'affaires et qui leur avait rendu des services importants. Dans le contrat de « mariage, ceux qui le signèrent ajoutèrent à leurs noms la qualité de chevalier : « ils en avaient le droit. L'étranger seul ne pouvait en prendre d'autre que celle « de marchand que l'on croyait déplacé dans l'acte. Il s'avisa d'ajouter à son nom « celui de *chevalier de l'arquebuse.* Ainsi tous les signataires se trouvèrent « chevaliers, et cette qualité si heureusement imaginée satisfit l'amour-propre » des deux familles. »

(2) Les plus anciens verriers, après ceux que dénomme la charte de 1448, sont, dans l'ordre chronologique des lettres patentes conservées au Trésor des chartes de

sans témérité, se dire nobles. Leur noblesse tenait à la profession même qu'ils exerçaient, soit comme chefs d'usines, comme Jehan Brysonalc et Jehan Hennezel, soit comme *ouvriers demourant es verrières et ouvrant le verre*, tels que Nicholas Mengin, Guillaume du Tyson, Jehan son fils, et les autres impétrants des lettres-patentes de 1448. De là la qualification de *gentilshommes verriers*, que de nos jours on donne encore à leurs descendants. Elle les distinguait de la noblesse de race, ainsi que des familles roturières d'origine que l'épée ou la robe avait anoblies; et on l'entend encore quelquefois répéter avec dédain, non-seulement par des nobles de ces trois classes, mais encore par des gens dont les ancêtres ont été introduits dans la noblesse, en échange de leurs écus, ou en récompense de services, (et quels services!) rendus au prince dans des charges de domesticité. Voilà pour les anciens verriers de Lorraine, antérieurs à l'ordonnance de réformation, et pour leurs descendants, verriers ou non : *car, comme la noblesse de race passe aux enfants, ainsi la noblesse civile pro-*

Lorraine : — 1492, Jacob Finance. — 1496, Antoine et Christophe, fils de Colin Thiétry. — 1501, Jean et Philippe Thiedry. — 1505, François de Tisal ou Tisac. — 1511, Claude Didier et Jean Hennezel. — 1517, Nicolas et Guillaume Hennezel, *écuyers*. — 1520, Didier et Claude Hennezel et leurs cinq frères. — 1524, Charles du Thisal. — 1554, Hugues Mussel et François Desprez, *écuyers*. — 1555, les enfants de Gérard Finance. — Même date, Georges Thiéry fils et François Hennezel fils; la veuve et les héritiers d'Albertin Hennezel. — Même date, Nicolas et Georges Hennezel. — Même date, Nicolas et Claude du Tisac, et Christophe Hennezel, *écuyer*. — 1556, Charles du Tisac sieur de Belrupt. — Même date, François Hennezel et Nicolas Thiéry. — 1564, Guillaume de Hou, ou du Houx, et Alexandre de Bonnet. — 1566, Nicolas de Hennezel, *écuyer*, *Voué de Vyomesnil*, Adam de Hennezel, Georges et Jean de Hennezel, tous trois aussi écuyers. Les titres qui concernent ces verriers et les usines qu'ils sont autorisés à établir, ou à relever, leur accordent tous les priviléges, exemptions et franchises dont jouissent les autres verriers, c'est-à-dire ceux de 1448, leurs hoirs et successeurs. Il est, du reste, à remarquer que la plupart ne prennent que le titre d'*écuyer* qui, dans des titres de 1631 et 1633, accompagne aussi les noms de Claude du Houx, d'Adam de Mussel, Jean de Finance, Nicolas et Humbert du Houx.

file aux enfants nés après la noblesse acquise. La noblesse, dit
encore ailleurs le jurisconsulte lorrain que je cite, *est une semence
qui profite aux successeurs.*

En France les gentilshommes verriers formaient aussi une
classe particulière entre les autres nobles, et, comme en Lorraine, ceux-ci affectaient de les dédaigner (1). Quoique à entendre
les verriers, ils n'eussent pas échangé leur noblesse contre tel
blason surmonté de la couronne de comte ou de marquis ;
quoiqu'ils se qualifiassent de chevaliers, exigeant des ouvriers
sous leurs ordres qu'on leur donnât ce titre, la bourgeoisie ne
leur accordait pas à beaucoup près la même considération qu'au
gentilhomme campagnard, dont la vie s'écoulait oisive et inutile
dans un manoir délabré. J'en ai dit la raison : ils vivaient *artiste-
ment et mécaniquement*, et c'était, suivant l'expression de Florentin
Thierriat, organe fidèle des idées qui, de son temps, dominaient
chez les bourgeois, non moins que dans la noblesse, c'était vivre
ignoblement et roturièrement. Au reste, la manière d'être et de
vivre de ces verriers, je laisse ici parler l'auteur de l'histoire de
Sainte-Menehould, « diminuait encore le peu de considération
» qu'on leur portait... La plupart sans éducation, pauvres et
» mal vêtus, quelquefois même réduits en état de domesticité,
» ils se vengeaient du dédain que leur montrait l'autre noblesse
» sur les roturiers qu'ils appelaient grossièrement des *sacrés-
» mâtins*; ceux-ci leur donnaient le nom de *hazis*, c'est-à-dire
» havis, desséchés : parce que le travail des verriers les tient
» exposés à l'ardeur insupportable du feu des fours... »

On a vu que postérieurement à 1557 les ducs de Lorraine

---

(1) Témoin cette épigramme de Maynard, contre le poëte Saint-Amand dont les
ancêtres étaient des verriers.

> Votre noblesse est mince,
> Car ce n'est pas d'un prince,
> Daphnis, que vous sortez.
> Gentilhomme de verre,
> Si vous tombez à terre,
> Adieu vos qualités.

ont, à différentes époques, accordé à d'autres verriers l'autorisation d'établir de nouvelles usines, ainsi que les ascensements de terrains et les affectations de bois nécessaires à ces établissements. Ces verriers et leurs descendants prétendaient aussi à la noblesse, acquise, disaient-ils, par le seul fait de leur profession. De là naissait, suivant eux, une présomption légale qui les dispensait de toute preuve de gentillesse, puisqu'il n'appartenait qu'aux gentilshommes de l'exercer ; et ce n'était pas en Lorraine seulement que de telles prétentions étaient émises, les verriers de France ne s'en faisaient pas faute, ainsi que le témoigne ce passage du Dictionnaire Encyclopédique, au mot *noblesse verrière*. « On appelle ainsi celle des gentilshommes qui s'occupent à
» souffler le verre. C'est une tradition vulgaire que les gentils-
» hommes ont seuls le droit de travailler à cet ouvrage ; ce qui
» est certain, c'est que, dans la plupart des verreries, ce sont
» des gentilshommes qui s'occupent à cet exercice, (1) et qu'ils ne
» souffriraient pas que des roturiers travaillassent avec eux, si
» ce n'est pour les servir. C'est apparemment ce qui a fait croire
» à quelques personnes que l'exercice de l'art de verrerie faisait
» une preuve de noblesse. »

Mais le nombre des verriers, tant maîtres qu'ouvriers *ouvrant le verre*, s'était accru outre mesure ; l'art avait fait des progrès, et ceux qui l'exerçaient n'avaient plus besoin d'encouragements. La charte de 1448 avait porté des fruits dont le pays profitait chaque jour, mais il en était aussi résulté de graves abus. Les franchises de noblesse, octroyées dans l'origine à quelques verriers, étaient devenues ruineuses pour l'état, par leur extension progressive à tous ceux qui, ayant embrassé la même profession, vivaient comme eux sans payer d'impôts ; et les charges pu-

---

(1) Les planches de l'Encyclopédie méthodique, correspondant au volume de cet ouvrage où il est traité de la verrerie, font voir un *gentilhomme* roulant sur le marbre la première chaude, soufflant et roulant la seconde, puis la troisième ; un *gentilhomme* soufflant la bosse, etc. On y voit aussi *la chemise que les gentilshommes mettent pour travailler.*

bliques, auxquelles ils étaient dispensés de fournir, pesaient d'autant sur les autres contribuables. Les paysans à qui ils se montraient, tantôt courant la forêt déguenillés et en sabots, tantôt travaillant et soufflant la bouteille à l'ardeur de la flamme, sans autre vêtement qu'une espèce de chemise de femme, ne voyaient pas en quoi cette existence était moins roturière que la leur, et ne comprenaient pas que ces ouvriers d'usines pussent être exempts des impôts qui pesaient si lourdement sur le labeur des champs. Aussi, dans plus d'une commune de l'Argonne, les verriers du finage, maîtres et ouvriers, étaient-ils portés au rôle de la taille. On songea donc, vers la fin du XVIe siècle, à revenir aux anciens principes *sur le fait de la noblesse*, principes toujours subsistants, toujours incontestés, mais affaiblis par le relâchement qui s'était introduit dans leur application. On s'avisa de ne plus voir dans les maîtres verriers que des fabricants qui faisaient, avec plus ou moins de bonne foi, trafic et marchandise des produits de leurs usines; dans les ouvriers verriers des gens salariés à tant par jour ou à tant par pièce. On se demanda en quoi ils différaient assez des autres fabricants, des autres ouvriers, pour être exempts des contributions que supportaient ceux-ci. De là des débats dont les tribunaux retentirent: car cette époque est précisément celle où, dans le but apparent de rendre à la noblesse son ancien lustre, mais en réalité pour soulager le peuple en diminuant le nombre des privilégiés, on recherchait activement les usurpateurs de noblesse et de titres nobiliaires (1).

(1) Le gouvernement ducal avait préludé à cette recherche par plusieurs ordonnances contenant entr'autres dispositions : défense aux nobles de trafiquer, (27 octobre 1522) sous peine d'être taillables comme les roturiers et soumis aux mêmes charges, et à toutes personnes de porter et exercer l'état de noblesse qu'elles n'aient, au préalable, fait vérifier leurs lettres en la Chambre des Comptes (11 juin 1575). Une autre ordonnance, en date du 30 décembre 1585, interdit également à toutes personnes, sans exception des anoblis et issus de nobles, de changer et aliéner en façon quelconque leurs surnoms, d'altérer les noms de leurs aïeux par l'adjonction de la particule nobiliaire *de, du, le, la, et semblables mots qui ne servent qu'à obscurcir la famille dont ils sont sortis, ou par celle de seigneuries forgées à*

L'argumentation dont on usa dans cette polémique judiciaire, entre les verriers et les commissaires du prince, qui voulaient les contraindre à exhiber d'autres parchemins que leurs titres de concessions domaniales, cette argumentation, dis-je, offre des particularités assez curieuses pour être reproduite ici, telle, à peu près, qu'elle se trouve résumée dans le livre de Thierriat et dans le *Traité de la Noblesse*, de La Roque, (1) ouvrage bien plus connu que celui du jurisconsulte lorrain dont il faut dire, en passant, que La Roque a souvent emprunté les idées et copié servilement les phrases.

La distinction qu'Aristote établit entre les arts est le point de départ commun aux verriers et à leurs adversaires. Les uns sont *sordides* et incompatibles avec la noblesse, les autres sont *honnêtes* et peuvent être exercés sans dérogation par gens nobles. Parmi lesquels faut-il ranger l'art de la verrerie, se demandait-on de part et d'autre ?

C'est un art sordide, disaient les uns, car c'est au moyen du feu que se fait le verre, et *il n'y a rien qui gâte plus le corps et corrompe plus l'esprit que la force du feu*. Vulcain, le dieu du feu et des forgerons, n'est représenté que sous les traits hideux d'un cyclope, avec une jambe claudicante et un corps contrefait; et quoique fils légitime du maître des dieux, les poètes le bannissaient de la céleste assemblée.

leur fantaisie. Il leur est enjoint à *chacun de se contenir et arrêter au nom de ses aïeux, grand-père ou père, et de ne pas prendre plus grande qualité qu'il ne lui appartient : le tout à peine d'amende arbitraire.* Enfin au mois de décembre 1592, Charles III donna ordre aux baillis de faire la recherche de tous ceux qui n'avaient pas fait entériner leurs lettres de noblesse et acquitté la finance, ou qui y avaient dérogé, et de les empêcher de jouir des prérogatives et franchises attachées à l'état de noblesse. Les trois premières ordonnances ont été imprimées tout au long dans le recueil de Rogéville. Celle de 1585 explique, peut-être mieux que la modestie de nos bons aïeux, comment il se fait que, pendant longues années, les nobles lorrains qui n'appartenaient pas à l'ancienne chevalerie ne portaient d'autre nom que celui de leur famille, et le portaient *tout court.*

(1) Rouen. 1734, in-4°.

A cette arme trempée dans la Mythologie, les verriers en oppo-
saient une d'égale force qui leur était fournie par l'arsenal des
alchimistes, et appelant à leur aide Raymond Lulle et Arnauld
de Villeneuve, ils répondaient que le verre était le premier produit de la philosophie chimique. C'est l'ouvrage le plus parfait
qui sorte du feu, comme l'or est la substance la plus élaborée de
la nature : en sorte que l'or étant le fils du soleil, le verre est
celui du feu. *Partant*, dit Thierriat, *puisque c'est l'un des effets
d'une science si noble, et le commencement de l'invention de tant
d'excellents ouvrages et de tant de plaisirs que l'on reçoit du
verre, il n'y a pas d'apparence d'estimer que l'exercice que l'on y
emploie déroge à noblesse.*

Jusqu'ici la lutte était assez égale, car un argument valait
l'autre; mais voici venir les citations historiques. D'une part on
rappela en faveur des verriers que l'empereur Théodose les avait
affranchis de la plupart des charges de l'Etat. De l'autre on
objecta que des gentilshommes de Champagne avaient demandé à
Philippe-le-Bel des lettres de dispense pour exercer la verrerie,
et que les verriers d'autres provinces de France en avaient solli-
cité et obtenu de semblables : ce qu'assurément ils n'auraient pas
fait, si cet art eût anobli, ou s'il eût supposé la noblesse. Ce
dernier fait sembla péremptoire, et la question fut résolue
conformément à l'aveu que la demande de lettres de dispense
contenait implicitement de la part des verriers. On décida que
leur profession ne supposait pas la noblesse et ne la conférait
aucunement, mais qu'elle n'y dérogeait point.

Cette décision, généralement admise dans le duché de Lorraine, comme en France, ne tarda guère à recevoir la sanction du
souverain. A la requête qui fut présentée à Henry IV par les
verriers de la forêt d'Argonne, troublés, comme je viens de le dire,
dans leur exemption de la taille, ce prince répondit au mois de
juillet 1603, par des lettres patentes portant en leur faveur
maintien, *lorsqu'ils sont d'extraction noble*, dans le droit dont ils
avaient joui précédemment de faire le commerce de verrerie sans

déroger (1). L'année suivante, un règlement émané de Charles III, duc de Lorraine, entre les capitaine prévot, gruyer, receveur et contrôleur de Darney d'une part et les gentilshommes verriers d'autre part, maintient les *gentilhommes verriers, issus et descendus de ceux auxquels les verreries avaient été laissées par ascensement, travaillant ou faisant travailler actuellement de l'art de verrerie, comme aussi les veuves et enfants mineurs desdits gentilshommes ascenseurs, dans les priviléges, franchises et exemptions accordés à ces derniers;* mais est-il ajouté, *les aultres n'estant de cette qualité n'en jouiront pas.* Ce règlement, qui modifie sur quelques points la charte de 1448, contient, entre autres dispositions dignes d'être rappelées, qu'il est « permis » auxdits gentilshommes de chasser à toutes sortes de bêtes fauves » et noires, en certains endroits des forêts d'Attigny, et non du » côté et en la campagne de Belrupt, sous obligation de porter par » eux au château de Darney la hure et les quatre pieds des bestes » noires, et le quartier dextre du derrière des bestes fauves qu'ils y » prendront. » Il leur est également permis « de porter armes à feu » pour leur défense, allant en campagne soit à pied, soit à cheval, » à charge néanmoins, en entrant audit Darney, de les poser et » laisser à la porte, ou en quelque maison de leurs amis à leur » choix, et de ne les porter par les rues de Darney qu'en y entrant » et sortant (2). »

(1) Les impétrants dénommés en ces lettres patentes sont Moyse de Condé, Joannes de Guyot, Jérémie de Bigault, Jean de Condé, Pierre de Condé, Benjamin de Condé, Hélie de Guyot, Nicolas de Condé, pour eux et leurs familles. Les descendans de ces verriers ont eu soin de faire confirmer leurs priviléges par Louis XIII, Louis XIV et Louis XV.

(2) En Lorraine, de même qu'en France, le port d'armes à feu était alors soumis à certaines restrictions préventives dont les motifs ne nous sont pas toujours connus ; celle que contient relativement à la ville de Darney le règlement du 14 décembre 1604, fait présumer que les gentilshommes verriers de la forêt échangeaient fréquemment, avec les bourgeois de cette ville, des épithètes du genre de celles dont l'historien de Sainte-Menehould a pris soin de transmettre le souvenir aux futurs habitants de l'Argonne, et que des rixes et de sanglantes voies de fait s'ensuivaient.

Par les *autres qui ne jouiront pas* des priviléges, franchises et exemptions des gentilshommes verriers, le règlement du 14 décembre 1604 désigne probablement les verriers en exercice qui ne justifiaient pas de concessions ducales, peut-être même ceux dont les titres étaient récents, ou conçus en termes moins favorables que la charte de 1448. En tous cas, l'exclusion est littéralement évidente, quant à toutes personnes qui à l'avenir se livreraient à la fabrication du verre et qui ne seraient pas nobles d'origine, ou issues des anciens concessionnaires que les lettres-patentes du prince assimilaient à cette espèce de nobles. Ces nouveaux verriers n'avaient droit, s'ils étaient anoblis, qu'aux priviléges résultant de l'anoblissement; roturiers, ils ne pouvaient réclamer que les *immunités des ignobles :* c'est ainsi que le jurisconsulte lorrain déjà cité appelle les franchises des *roturiers honorables,* de ceux qui ne sont ni *vils* ni *vulgaires.* Voilà pour les verriers non gentilshommes.

Ainsi fut fixé, en France et dans le duché de Lorraine, l'état des verriers, *quant au fait de la noblesse.* On ne tint désormais pour nobles que ceux qui étaient de noble extraction, ou qui descendaient des anciens verriers lorrains; et ils continuèrent de jouir des priviléges attachés à la noblesse, non pas *parce qu'ils étaient verriers,* mais *quoique verriers.* La distinction du *parce que* et du *quoique* ne date pas, comme on voit, de la révolution de 1830.

FIS.

www.ingramcontent.com/pod-product-compliance
Lightning Source LLC
LaVergne TN
LVHW052149080426
835511LV00009B/1756